이 책은 가벼운 경건을 말하고 있는 책이 아니다. 목회자로서의 고뇌와 경험이 튼튼한 신학적 얼개 속에 녹아든 묵직한 책이며, 한 사람의 신앙인이자 목회자로서 신앙의 선배들과 대화하면서 실천적인 고민들을 신학화한 책이다. 경건에 대한 조국 교회의 이해에 끼칠 선한 영향력을 기대하며, 많은 그리스도인이 곁에 두고 정독하여 지속적으로 삶에 적용하길 권한다.

김남준(열린교회 담임목사)

마틴 로이드 존스가 영적 침체에 대하여 쓴 이후 오랫동안 우리는 이런 슬픔과 고뇌에 대한 성경적 처방의 메시지를 기다려 왔다. 로이드 존스가 지나간 시대에 이 문제에 대한 처방을 진지하게 고민하며 우리에게 한 뚜렷한 방향을 제시했다면, 존 파이퍼는 우리와 동시대를 살고 있는 설교자로서 이 시대의 언어로 우리의 문제를 진단하고 성경을 열어 그 처방을 제시하고 있다. 이 책은 당장 효과를 나타내는 마약과 같은 것이 아니라, 성경의 처방을 신실하게 적용하는 사람들이 마침내 어느 날 어둠을 지나 건강한 새벽을 맞도록 인도하는 보약과 같은 메시지를 담아내고 있다. 존 파이퍼 특유의 교리적이면서도 실제적인 역동성이 돋보이는 이 책을 우울한 밤을 지나는 성도들에게 강력히 추천한다.

이동원(지구촌교회 원로목사)

하나님은 기쁨의 근원이시며 우리가 기뻐할 때 하나님은 영광받으신다. 그래서 기독교는 기쁨의 종교이며, 그리스도인은 기쁨의 사람이다. 이에 저자는 본서에서 신앙적 싸움을 통하여 쟁취할 '기독교 희락주의'의 길을 밝힌다. 한 자도 놓칠 수 없을 만큼 소중한 이 책은 존 파이퍼의 탁월한 기쁨의 영성을 한껏 맛보게 하며, 모든 독자들을 기쁨의 샘으로 인도하는 길잡이가 될 것이다.

이성희(연동교회 담임목사)

하나님을 즐거워하라

IVP(InterVarsity Press)는
캠퍼스와 세상 속의 하나님 나라 운동을 지향하는
IVF(InterVarsity Christian Fellowship)의 출판부로서
생각하는 그리스도인을 위한 문서 운동을 실천합니다.

When I Don't Desire God
Copyright © 2004 by Desiring God Foundation
Published by Crossway Books
a publishing ministry of Good News Publshers
Wheaton, Illinois 60187, U.S.A.

This abridged edition based on chapter 4-6 published
by arrangement with Good News Publishers.
All rights reserved.

Korean Edition Copyright © 2013 by Korea InterVarsity Press,
Seoul, Republic of Korea.

Translated and used by permission of Good News Publishers through
arrangement of rMaeng2, Seoul, Republic of Korea.

본 저작물의 한국어판 저작권은 알맹2 에이전시를 통하여
Good News Publishers와 독점 계약한 IVP에 있습니다.
신 저작권법에 의하여 한국 내에서 보호받는 저작물이므로
무단 전재와 무단 복제를 금합니다.

하나님을 즐거워하라

존 파이퍼 | 전의우 옮김

일러두기
- 본서는 「하나님을 기뻐할 수 없을 때」(IVP, 2005)의 4-6장을 한국 IVP에서 재편집하여 엮은 것이다.
- 본서에 인용된 성경 본문은 특별한 표시가 없는 한 개역개정판을 사용하였다.

차례

머리말	9
1장 기쁨은 하나님의 선물이다	13
2장 하나님의 영광을 보기 위해 싸우라	35
3장 복음 안에서 기쁨을 위해 싸우라	67
주	121

머리말

사람들에게 오직 하나님 안에서 영혼에 자유를 주는
가장 철저한 만족을 찾으라고 요구하지 않으면서
그분을 높이는 척하는 것은 그 자체가 모순이다.
이런 일은 있을 수 없다.
하나님은 단순히 우리가 그분을 생각하는 방식이 아니라
우리가 그분을 경험하는 방식을 통해
그분의 백성 가운데서 영광을 받으신다.

사람들은 종종 나에게 왜 그리스도인의 삶에서 기쁨을 그렇게 강조하느냐고 묻는다. 왜 그냥 하나님을 말하고 기쁨의 대상을 강조하며 알아서 기쁨을 경험하도록 내버려 두지 않는가? 첫 번째 대답은 이렇다. 하나님을 기뻐하라고 명령하는 것은 존 파이퍼가 아니라 하나님이다. 이러한 마음의 경험을 명령의 수준까지 끌어올리는 것은 내가 아니라 하나님이다. 게다가 하나님은 간절한 심정으로 이렇게 말씀하신다.

"네가 모든 것이 풍족하여도 기쁨과 즐거운 마음으로 네 하나님 여호와를 섬기지 아니함으로 말미암아…여호와께서 보내사 너를 치게 하실 적군을 섬기게 될 것이니"(신 28:47-48). "우리가 행복해하지 않으면 하나님은 무서운 것들로 위협하신다."[1] 기쁨을 위한 싸움은 내가 정한 싸움이 아니다. 하나님이 정하신 싸움이다.

두 번째 대답은 우리가 하나님 안에서 가장 크게 만족할 때 하나님이 우리 안에서 가장 큰 영광을 받으신다는 것이다. 그러므로 사람들에게 오직 하나님 안에서 영혼에 자유를 주는 가장 철저한 만족을 찾으라고 요구하지 않으면서 그분을 높이는 척하는 것은 그 자체가 모순이다. 이런 일은 있을 수 없다. 하나님은 단순히 우리가 그분을 생각하는 방식이 아니라 우리가 그분을 경험하는 방식을 통해 그분의 백성 가운데서 영광을 받으신다. 실제로 마귀가 하루 동안 하나님에 관해 하는 참된 생각이 성도가 평생 하는 것보다 많지만, 하나님은 이러한 그의 생각을 통해 높임을 받지는 않으신다. 마귀의 문제는 그의 신학이 아니라 그의 갈망이다. 우리의 주된 목적은 하나님, 곧 위대한 분을 영화롭게 하는 것이다. 우리가 가장 완전하게 그분을 영화롭게 하는 것은, 재물과 친족을 버리고 가난한 자들과 잃어버린 자들에게 그분의 사랑을 드러내면서 살 만큼 그분을 소중히 여기며 그분을 몹시 갈망하고 기뻐할 때다.

우리가 기쁨과 그것에 대한 추구를 강조해야 하는 세 번째 이유는, 기독교 희락주의(Christian Hedonism)—또는 당신이 뭐라고 부르든 간에—라는 잣대로 자신의 마음을 재 보기 전에는 자신의 상태가 얼마나 절망적인지 깨닫지 못하기 때문이다. 내가 지난 30년 동안 발견한 사실은, 그 무엇보다 하나님을 기뻐해야 한다는 그분의 요구에 관해 설교하고 가르칠 때 사람들이 깨지고 겸손해지며 진정한 회심과 진정한 기독교를 필사적으로 원하게 된다는 것이다. 감정이 무시될 때, 지금 우리의 모습이 우리가 마땅히 되어야 하는 모습이라는 생각에 쉽게 빠질 수 있다. 생각과 행동은 인간의 종교적 지성으로 다스릴 수 있다. 그러나 감정은 다르다. 감정은 마음의 풍향계다. 하나님 안에서 죄를 무너뜨리며 그리스도를 높이는 철저한 기쁨을 찾으라는 요구처럼 영혼의 깊은 풍향을 보여 주는 것은 없다.

이제 나를 변호하기 위해 다시 한 번 말하겠다. 하나님, 오직 하나님만이 우리가 추구하는 최종적이며 궁극적인 목적이다. 하나님이 우리를 위해 예수 안에 두신 것은 우리가 추구하는 기쁨의 대상뿐이다. 내가 기쁨을 위한 싸움을 말할 때 의미하는 것은 하나님과 관계없는 기쁨이 아니라 하나님을 기뻐하는 기쁨이다. 내가 행복에 대한 열망을 말할 때 의미하는 것은 하나님과 관계없는 신체적·심리적 경험으로서의 행복이 아니라 하나님이 우리를 위해 예수 안에 두신 모든 것에서 누리는 행복이다. 우리가 갈망하든 기뻐하든 간에, 그 경험의 목적은 하나님이다.

이 책은 예수 그리스도를 통해 하나님을 이렇게 경험하고자 하는 싸움에 관한 것이다.

1장
기쁨은 하나님의 선물이다

기쁨은 결코 우리의 힘에 달려 있지 않지만, 즐거움은 그럴 때가 많다.
C. S. 루이스_「예기치 않은 기쁨」[1]

누가 너를 남달리 구별하였느냐
네게 있는 것 중에 받지 아니한 것이 무엇이냐
네가 받았은즉 어찌하여 받지 아니한 것 같이 자랑하느냐.
고린도전서 4:7

이 장의 제목은 소망이 없는 사람들에게는 좋은 소식이지만, 자신을 믿는 사람들에게는 나쁜 소식이다. 달리 표현하면, 이 제목은 자유롭게 하는 동시에 당혹스럽게 한다. 이 제목은, 자신이 갈망하지 않는 것을 스스로의 힘으로 갈망할 수 없음을 아는 사람에게는 자유롭게 하는 진리다. 그런가 하면, 자신의 모든 의무는 자신의 능력에 달렸다고 생각하는 사람에게는 당혹스러운 진리다.

반만 옳은 부정

사람들이 하나님을 반드시 기뻐해야 한다는 것을 부정하는 이유 가운데 하나는, 이러한 기쁨이 자기 능력 밖이라는 것을 직관적으로 알고 있으며 자기 능력 밖의 것을 요구할 수는 없다고 느끼기 때문이다. 이 말의 반은 옳다. 결국, 하나님을 기뻐하는 것은 인간의 성취물이 아니라 값없이 주어지는 선물이다. 이것은 옳다. 그러나 하나님이 내게 요구하실 수 있는 덕목은 내가 행할 수 있는 덕목뿐이라고 말하는 것은 성경적이지 않다. 내가 너무 악해서 선한 것을 기뻐할 수 없더라도, 이 사실이 하나님이 내게 선한 것을 사랑하라고 명령하실 수 없는 이유가 되지는 못한다. 내가 너무 부패해서 무한히 아름다운 것을 누릴 수 없더라도, 이 때문에 하나님을 기뻐하라는 명령에 불순종할 때 죄가 가벼워지는 것은 아니다(시 37:4). 이것은 오히려 죄를 더 무겁게 한다.

하나님을 기뻐하는 것은 의무다

하나님을 기뻐하는 것은 의무이며, 성경이 이것을 분명히 명령한다는 사실이 이것을 증명해 준다. "주 안에서 항상 기뻐하라. 내가 다시 말하노니 기뻐하라"(빌 4:4; 시 32:11; 37:4; 97:12; 100:1; 욜 2:23도 보라). 17세기에 매튜 헨리(Matthew Henry)는 2,000년 간 이어져 온 묵상들을 정리하면서 이렇게 말했다.

> 주 안에서 항상 기뻐하라. 내가 다시 말하노니 기뻐하라(4절). 우리의 모든 기쁨은 하나님께 귀결되어야 한다. 그리고 하나님에 대한 우리의 생각은 기쁨이 넘치는 생각이어야 한다. 또 여호와를 기뻐하라(시 37:4).…하나님을 항상 어떤 상황에서든 기뻐하는 것은 우리의 의무요 특권임을 기억하라. 우리는 그분을 섬기는 중에 부딪치는 어려움 때문에 그분과 그분의 길을 결코 나쁘게 생각해서는 안 된다. 하나님 안에는 세상에서 가장 좋지 않은 환경에서도 우리에게 기쁨을 주고도 남을 만큼 많은 것이 있다.…하나님을 기뻐하는 것은 그리스도인의 삶에서 놀라운 결과가 따르는 의무다. 그리스도인들은 하나님

을 기뻐하라는 요청을 계속해서 받을 필요가 있다.[2]

어떤 사람은 하나님을 기뻐하는 것은 의무이기 때문에 선물일 수 없다고 말한다. 그러나 이제 나는 성경이 하나님을 기뻐하는 것에 대해 무엇이라고 하는지 살펴볼 것이며, 하나님을 기뻐하는 것이 왜 중요한지에 대해 질문을 던지며 이 장을 끝맺을 것이다.

우리는 단지 죄를 짓는 사람이 아니라 죄인이다

성경을 하나님의 말씀으로 믿는 사람들은 "모든 사람이 죄를 범하였으매 하나님의 영광에 이르지 못하더니"(롬 3:23)라는 말씀이 꽤 익숙할 것이다. 이것은 매우 심오하고 중요한 진리다. 그러나 이것이 전부는 아니다. 문제는 우리 모두가 죄악된 행동을 했을 뿐 아니라 우리가 죄악되다는 것이다. N. P. 윌리엄스(Williams)는 이것을 이렇게 표현했다. "보통 사람은 잘못된 행동을 부끄러워하지만, 훨씬 정교한 도덕적 감성과 좀더 섬세한 내적 성찰 능력을 부여받은 성도는 자신이 잘못된 행동을 쉽게 하는 사람이라는 점을 부끄러워한다."[3] 죄는 단지 우리가 행하는 그 무엇이 아니다. 죄는 우리의 본성 깊이 뿌리내린 힘이다. 우리가 회심하여 그리스도를 믿을 때, 성령이 우리에게 임하시고 우리는 성령의 능력으로 타락하고 죄악된 본성을 이기기 시작한다.

그러나 우리는 천성적으로 하나님을 거역하고, 그분에게 불순종하며, 완악한 마음으로 그분을 거스른다. 그러므로 시편 기자는 이렇게 외친다. "주의 종에게 심판을 행하지 마소서. 주의 눈 앞에는 의로운 인생이 하나도 없나이다"(시 143:2). 예레미야 예언자는 이렇게 한탄한다. "만물보다 거짓되고 심히 부패한 것은 마음이라 누가 능히 이를 알리요마는"(렘 17:9). 다윗 왕은 자신이 태어날 때부터 이와 같았다고 말한다. "내가 죄악 중에서 출생하였음이여 어머니가 죄 중에서 나를 잉태하였나이다"(시 51:5). 이러한 타고난 부패가 너무나 심해, 바울은 "내 속 곧 내 육신에 선한 것이 거하지 아니하는 줄을 아노니"라고 말한다(롬 7:18).

바울이 "육신"이라는 말에서 의미하는 것은 그의 껍데기가 아니라 그리스도의 구속과 무관하며 변화를 일으키시는 성령의 역사와도 무관한 자연적 자아(natural self)다. 바울이 "육신"을 말하는 또 다른 방식은 "육에 속한 사람"(natural person, 그리스도가 없는 인간으로 타고난 우리의 모습)이라고 부르는 것이다. 그러므로 바울은, 예를 들면 고린도전서 2:14에서 이렇게 말한다. "육에 속한 사람은 하나님의 성령의 일들을 받지 아니하나니 이는 그것들이 그에게는 어리석게 보임이요, 또 그는 그것들을 알 수도 없나니 그러한 일은 영적으로 분별되기 때문이라." 바꾸어 말하자면, "육에 속한 사람"이나 "육신"은 영적 진리를 너무나 강하게 거부하기 때문에 하나님의 일을 이해하거나 받아들일 수 없다. 육에 속한 사람은 하나님을 기뻐하지 않는다. 육에 속한 마음은 그 갈망이 몹시 부패해서 그리스도의 아름다움을 보거나 맛볼 수 없다.

이것이 바울이 로마서 8:7-8에서 "육신의 생각은 하나님과 원수가 되나니 이는 하나님의 법에 굴복하지 아니할 뿐 아니라 할 수도 없음이라. 육신에 있는 자들은 하나님을 기쁘시게 할 수 없느니라."라고 말할 때 의미하는 것이다. 할 수 없다는 말에 주목하라. 이 단어는 두 번이나 사용되고 있다. 육에 속한 사람, 육신으로 정의될 뿐 아직 그리스도를 통해 변화되지 못한 사람은 마음으로 하나님의 영광스러운 권세를 심하게 적대시하기 때문에(그분의 법에 순복하지 않고) 하나님과 그분의 길을 기뻐할 수 없다. 그는 종교적이고 도덕적인 일을 많이 할 수는 있지만 그의 마음은 하나님과 멀어져 있으며(마 15:8), 하나님의 크심과 그분의 권세를 하찮게 여긴다.

그렇다면 우리가 죽었다는 말은 무슨 뜻인가?

그러므로 바울이 이처럼 타락하고 육적인 상태에 있는 우리를 가리켜 "죽었다"라고 묘사하는 것은 놀라운 것이 아니다. 이것이 바울이 에베소서 2:4-5에서 말하는 바다. "긍휼이 풍성하신 하나님이 우리를 사랑하신 그 큰 사랑을 인하여 허물로 죽은 우리를 그리스도와 함께 살리셨고 (너희는 은혜로 구원을 받은 것이라)…." 우리가 하나님을 기뻐할 수 없는 가장 큰 이유는 우리가 본래 죽었기 때문이다. 다시 말해, 우리에게는 그리스도 복음의 진리와 아름다움을 느낄 수 있는 영적 감각이 전혀 없다. 우리는 천상의 미술관에 서 있는 맹인과 같다. 우리가 죽었다는 것은 몸이 죽었다는 뜻이 아니며 지성이나 의지가 죽었다는 뜻도 아니다. 바로 진리를 있는 그대로 보는 영적 능력이 죽었다는 뜻이다.

바울은 우리가 하나님의 아름다움에 대해 죽은 것을 묘사하면서 "마음의 허망한 것", "총명이 어두워지고", "저희 가운데 있는 무지함"과 같은 표현을 사용한다. 그러면서 "마음이 굳어짐"에서 그 원인을 찾는다. 에베소서 4:17-18에서 이것을 확인할 수 있다. "그러므로 내가 이것을 말하며 주 안에서 증언하노니 이제부터 너희는 이방인이 그 마음의 허망한 것으로 행함 같이 행하지 말라. 그들의 총명이 어두워지고 그들 가운데 있는 무지함과 그들의 마음이 굳어짐으로 말미암아 하나님의 생명에서 떠나 있도다." 굳어짐이 무지함보다 더 본질적이라는 데 주목하라. 무지함이 굳어짐에 뿌리를 두고 있는 것이지 그 반대가 아니다. 그러므로 우리는 변명할 수 없다. 하나님의 아름다움에 대한 무지가 문제가 되는 것은, 이것이 순수한 무지가 아니라 고의적인 굳어짐이기 때문이다. 굳어짐은 죽음을 뜻하며, 죽음은 우리가 마음을 다하여 하나님을 사랑하라는 계명에 순종할 수 없게 만든다.

우리의 마음이 이처럼 타락하고, 죄악되고, 완고하고, 반역적이고, 허망하고, 죽은 상태이기 때문에 하나님을 기뻐하는 것은 불가능하다. 게다가 이 불가능한 상황에서 우리의 죄는 가볍게 되는 것이 아니라 더욱 무겁게 된다. 부자 관원이 그리스도를 따르는 것보다 자신의 재물을 더 좋아하여 예수님에게서 떠나갔을 때, 예수님은 "낙타가 바늘귀로 들어가는 것이 부자가 하나님의 나라에 들어가는 것보다 쉬우니라"라고 말씀하셨다(마 19:24). 제자들은 이 말씀에 깜짝 놀랐다. 제자들은 낙타가 바늘귀로 들어갈 수 없다는 것을 알고 있었다. 이것은 사실이다. 인간 스스로는 돈보다 그리스도를 더 기뻐할 수 없다. 그래서 예수님은 "사람으로는 할 수 없으나 하나님으로서는 다 하실 수 있느니라"라고 대답하셨다(26절).

기쁨을 위해 예수님께 나아가는 것은 하나님의 선물이다

예수님은 이런 방식으로, 하나님을 기뻐하는 것은 선물이라고 말씀하셨다. 예수님을 돈보다 더 좋아하는 것은 하나님의 선물이다. 우리 스스로는 결코 그렇게 될 수 없으며, 그 힘은 외부에서 주어져야 한다. 예수님이 우주에서 가장 큰 갈망의 대상으로, 주님으로, 구원자로 우리에게 주어질 때, 우리는 자신의 힘으로 그분께 나아가는 것이 아니다. 예수님은 이렇게 말씀하셨다. "나를 보내신 아버지께서 이끌지 아니하시면 아무도 내게 올 수 없으니…내 아버지께서 오게 하여 주지 아니하시면 누구든지 내게 올 수 없다 하였노라"(요 6:44, 65). 우리가 예수님을 삶의 보화요 즐거움으로 알고 그분께 나아가는 것은 "아버지께서 오게 하여 주신" 것이다. 그렇지 않다면 우리는 너무나 강퍅하고 반항적이어서 모든 것을 버려 두고 모든 만족을 주시며 우리의 기쁨이신 그분께 나아가는 것은 고사하고, 예수님을 매력적인 분으로 보지도 못할 것이다.

예수님은 이것을 이렇게도 말씀하셨다. "육으로 난 것은 육이요 영으로 난 것은 영이니 내가 네게 거듭나야 하겠다 하는 말을 놀랍게 여기지 말라"(요 3:6-7). 하나님의 성령으로 거듭날 때까지 우리의 모든 존재는 "육", 즉 영적 생명도 없고, 영혼 속에 그리스도의 달콤함을 맛보는 살아 있는 미뢰

(味蕾)도 없는 육에 속한 사람이다. 그렇다면 우리는 어떻게 살아나는가? 예수님은 뒤이어 이렇게 말씀하셨다. "바람이 임의로 불매 네가 그 소리는 들어도 어디서 와서 어디로 가는지 알지 못하나니 성령으로 난 사람도 다 그러하니라"(8절). 요점은 성령은 자유롭다는 것이다. 그분은 자신이 원하는 곳에 임하신다. 우리는 성령을 제어할 수 없다. 성령이 우리를 제어하신다. 생명을 주는 성령의 역사는 순전히 선물이다. 예수님을 당신의 보화로 보게 되었다면, 성령께서 당신의 마음에 임하신 것이다. 당신이 예수님을 기뻐하는 것은 선물이다.

회개도 선물인가?

어떤 사람은 이렇게 말할 것이다. "꼭 회개를 말하는 것처럼 들리네요. 하지만 회개는 우리가 하는 것 아닙니까? 지금 회개도 선물이라고 말하고 있는 건가요?" 좋은 질문이다. 우리가 묘사한 변화는 실제로 회개다. 회개는 변화된 마음의 경험을 말한다. 전에는 마음이 하나님과 원수 되었으나, 이제는 하나님과 사랑에 빠졌다. 전에는 그리스도의 십자가가 어리석어 보였으나, 이제는 매우 소중하다. 십자가는 하나님의 지혜요 능력이다(고전 1:23-24). 전에는 행복과 안전을 성취하는 인간의 능력을 신뢰했으나, 이제는 자신에게 절망하고 소망과 기쁨을 위해 그리스도를 바라본다. 그리스도께서— 그리고 하나님이 그분 안에서 우리에게 주시는 모든 것이— 우리의 행복과 안전이 되었다.

그렇다. 이것이 회개다. 그리고 회개는 선물이다. 우리는 스스로 그리스도를 흠모하는 사람이 될 수 없다. 우리는 스스로 사탄의 속임수라는 올무에서 풀려나기 위해 인간의 지혜나 힘이나 의지력을 결집할 수 없다. 이 모든 것은 하나님의 귀중한 선물이다. 물론 그분은 인간적 수단을 사용하여 회개를 일으키신다. 그렇지 않다면 내가 이 책을 쓰고 있지도 않을 것이다. 그러나 궁극적으로 회개의 기적을 일으키는 것은 인간의 수단이 아니다. 디모데후서 2:24-26은 수단과 기적을 모두 보여 준다. "주의 종은 마땅히 다투지 아니하고 모든 사람에 대하여 온유하며 가르치기를 잘하며 참으며 거역하는 자를 온유함으로 훈계할지니 진리를 알게 하실

까 하며[이것이 수단이다. 이제부터가 기적이다.] 혹 하나님이 그들에게 회개함을 주사 그들로 깨어 마귀의 올무에서 벗어나 하나님께 사로잡힌 바 되어 그 뜻을 따르게 하실까 함이라." 우리가 가르치고 사랑하지만, 회개하게 하시는 분은 하나님이시다.

나는 하나님이 이 책을 "회개함을 주시는" 그분의 여러 방법 가운데 하나로 사용하시길 기도한다. 그러나 결국 한 사람을 마귀의 속임수라는 올무에서 구해 내며 그의 눈을 열어 예수 그리스도의 더 높은 가치를 보게 만드는 것은 이 책이나 다른 어떤 책이 아니라 하나님이실 것이다. 그리고 하나님은 사람에게 회개를 허락하실 때, 그가 그리스도를 모든 보화보다 더 값지게 여기며 모든 즐거움보다 더 좋아하게 하실 것이다. 이것이 선물이다. 나는 이것이 필요한 모든 독자를 위해 기도한다. "주님, 이들에게 회개를 주십시오."

그리스도인의 삶의 핵심적인 신비

그러나 앞에서 했던 질문은 이것이다. "회개는 우리가 하는 것 아닙니까? 회개가 하나님의 선물이라면 우리가 어떻게 회개합니까?" 그렇다. 회개는 우리가 하는 것이다. 베드로가 오순절에 죄를 깨닫게 하는 메시지를 전했을 때 무리는 "형제들아 우리가 어찌할꼬?"라고 외쳤다. 이 말에 베드로는 "회개하라"라고 대답했다(행 2:37-38). 물론 다른 말도 있었지만 핵심은 회개다. 회개는 우리가 순종할 책임이 있는 명령이다.

여기서 우리는 그리스도인의 삶의 핵심적인 신비를 만난다. 그리스도가 우리 죄를 위해 죽으시고 죽은 자 가운데서 다시 살아나셨다. 우리는 그분의 피와 의 때문에 용서받았으며 하나님은 그리스도 안에서 우리를 의롭다고 여기신다(고후 5:21; 빌 3:9; 롬 5:19). 그러므로 그리스도가 하나님의 모든 약속을 빠짐없이 이루셨다(고후 1:20). 예언자들이 새 언약에서 이루어지리라고 약속했던 모든 것이 그리스도를 통해 우리에게 완전하게 이루어졌다. 이러한 새 언약의 내용에는 다음과 같은 것들이 포함된다. "네 하나님 여호와께서 네 마음과 네 자손의 마음에 할례를 베푸사 너로 마음을 다하며 뜻을 다하여 네 하나님 여호와를 사랑하게 하사…"(신 30:6).

"내가 나의 법을 그들의 속에 두며 그들의 마음에 기록하여…"(렘 31:33). "내가…그 몸에서 돌 같은 마음을 제거하고 살처럼 부드러운 마음을 주어…"(겔 11:19). "내 영을 너희 속에 두어 너희로 내 율례를 행하게 하리니…"(겔 36:27).

이 모든 새 언약의 내용이, 최후의 만찬에서 "이 잔은 내 피로 세우는 새 언약이니 곧 너희를 위하여 붓는 것이라"(눅 22:20)고 말씀하신 그리스도를 통해 우리에게 이루어졌다. 그리스도의 피가 우리에게 새 언약의 모든 약속을 이루어 주었다. 그러나 이러한 약속들을 다시 한 번 보라. 새 언약이 옛 언약과 다른 것은 능력을 주기 위한 약속이라는 것이다. 새 언약의 약속들은 우리가 스스로 할 수 없는 것을 하나님이 우리를 위해 하시리라는 약속이다. 우리는 하나님을 기뻐하는 새로운 마음이 필요하다. 우리는 하나님에 대한 기쁨을 열매 맺는 하나님의 성령이 필요하다. 우리는 "마음을 다해 여호와를 사랑하라"라는 말씀 자체가 우리 안에서 현실이 되도록, 단지 돌에 새겨진 법이 아니라 마음에 새겨진 법이 필요하다. 바꾸어 말하자면, 우리는 하나님에 대한 기쁨이라는 선물이 필요하다. 우리 스스로는 결코 그 기쁨을 얻지 못할 것이다. 이것이 바로 그리스도가 죽으시고 새 언약의 피를 흘리실 때 우리에게 가져다주신 것이다. 그분은 우리에게 기쁨이라는 선물을 주셨다.

신비의 나머지 절반

이것이 그리스도인의 삶의 신비를 이루는 핵심적인 절반이다. 그리고 나머지 절반은, 우리가 스스로 할 수 없는 것을 하라는 명령을 받았다는 것이다. 우리는 그 명령을 이행해야 하며 그렇지 않으면 죽는다. 우리가 무능력하다고 해서 우리의 죄책이 없어지는 것은 아니다. 오히려 더 커진다. 우리는 너무 악해서 하나님을 사랑할 수 없다. 우리는 하나님을 다른 그 무엇보다 더 기뻐할 수 없다. 우리는 그리스도를 돈보다 소중하게 여길 수 없다. 그러나 우리가 이처럼 악하다고 해서 하나님이 우리에게 선한 존재가 되라고 명령하시는 것이 잘못은 아니다. 우리는 하나님을 그 무엇보다 더 기뻐해야 한다. 그러므로 하나님이 우리에게 하나님을 그 무엇보다 더 기뻐하라고 명령하시는 것은 옳다. 만약 우리가 하나님을 기뻐한다면, 우리가 이 계명에 순종했기 때문일 것이다.

신비는 이것이다. 우리는 하나님을 기뻐하라는 명령에 순종해야 한다. 그러나 우리는 강퍅하고 죄악되며 부패했기 때문에 순종할 수 없다. 그러므로 순종이 이루어진다면, 그 순종은 선물이다. 4세기에 펠라기우스는 이 진리를 거부했으며, 아우구스티누스가 「고백록」에서 다음과 같이 기도한 것을 보고 충격과 분노를 느꼈다. "오 주님, 당신이 명령하실 때, 내게 당신의 뜻을 행하라고 명령하실 때 그대로 행할 수 있는 은혜를 주소서!…오 거룩하신 하나님…우리가 당신의 명령에 순종하는 것은 당신이 순종할 힘을 우리에게 주셨기 때문입니다."[4)]

그리스도인의 삶 전체가 은혜다

위와 같은 기도는 매우 성경적인 것이며, 우리는 이런 기도를 앞으로 여러번 살펴볼 것이다(예를 들면, 시 51:12; 90:14; 롬 15:13). 이것은 그리스도인의 삶의 신비와 일치한다. 우리는 하나님을 기뻐해야 하며, 오직 하나님만이 우리가 그분을 기뻐하도록 우리 마음을 바꾸실 수 있다. 우리의 모든 것은 철저히 하나님께 달려 있다. 그리스도인의 삶 전체가 은혜다. "이는 만물이 주에게서 나오고 주로 말미암고 주에게로 돌아감이라 그에게 영광이 세세에 있을지어다"(롬 11:36).

다음 장에서는 이러한 기쁨 자체가 선물임을 인정하는 가운데, 기뻐하라는 명령에 순종하기 위한 의지와 행위는 무엇인지 살펴보기로 하겠다. 우리는 기쁨이 선물이라는 말을 들을 때 행동을 멈추고 수동적이 되어서는 안 된다. 우리는 행동해야 한다. 어떻게, 왜 행동해야 하느냐 하는 문제는 다음 장에서 살펴보기로 하겠다. 그러기에 앞서 이 장의 진리가 왜 중요한지를 살펴보는 것이 좋을 것 같다.

이것을 믿는 것이 왜 중요한가?

첫째, 이것은 진리이며, 따라서 이 진리가 우리에게 유익한지 아닌지와 상관없이 이 진리를 믿고 받아들여야 하기 때문이다. 성경은 우리에 관해, 그리고 하나님을 기뻐하는 것에 관해 이렇게 말한다. '우리는 그 기쁨을 만들어 낼 수 없다. 오직 하나님이 주셔야 한다.' 이것은 진리이며, 따라서 우리는 이 진리를 믿고 사랑해야 한다.

둘째, 이 진리를 믿을 때 하나님에 대한 우리의 기쁨은 감사와 결합되어 배가된다. 우리는 크게 기뻐하며, 자신이 하나님을 기뻐하는 것에 대해 그 기쁨을 주신 하나님께 감사한다.

셋째, 이 진리를 믿을 때 기쁨이 우리 능력에 달렸다고 생각할 때보다 더 절박하게 하나님께 우리의 기쁨을 구할 것이다. 이 진리는 우리로 하여금 그 어느 때보다 더 기도하게 만든다.

넷째, 이 진리를 믿을 때 기쁨을 위한 싸움에서 우리의 전략이 기교와 율법주의로 전락하지 않을 것이다. 하나님이 주권자이시기 때문에, 기교는 핵심적 위치에 놓일 수 없다. 물론 우리가 기쁨을 위한 싸움에서 반드시 해야 하는 것들이 있다. 그러나 기쁨이 선물이라면 그것은 결코 노력으로 얻을 수 있는 것이 아니다. 그러므로 노력을 통해 하나님께 무엇인가를 얻어 내려는 율법주의는 배제된다. 그뿐 아니라 기쁨이 단순히 인간의 성취물이 아니라 궁극적으로 선물이라는 것을 알 때 기교와 의지를 지나치게 높이지 않을 수 있다. "여호와께서 선히 여기시는 대로 행하시기를 원하노라"라고 말하면서 겸손하게 그분을 의지하는 것이 우리의 전략이어야 한다(삼하 10:12). 기쁨을 위한 싸움에서 우리의 전략은 하나님의 은혜의 수단일 뿐이다. 그리고 은혜의 수단은 언제나 겸손하다.

성경은 이 수단이 겸손하다는 것을 여러 방법으로 보여준다. "싸울 날을 위하여 마병을 예비하거니와 이김은 여호와께 있느니라"(잠 21:31). "여호와께서 집을 세우지 아니하시면 세우는 자의 수고가 헛되며 여호와께서 성을 지키지 아니하시면 파수꾼의 깨어 있음이 헛되도다"(시 127:1). "사람의 마음에는 많은 계획이 있어도 오직 여호와의 뜻만이 완전히 서리라"(잠 19:21). 기쁨이 하나님의 선물이라면, 우리는 그분이 정하신 모든 방법을 사용하면서도 수단이 아니라 하나님을 의지할 것이다.

다섯째, 하나님을 기뻐하는 것이 하나님의 선물임을 믿을 때 모든 영광이 하나님께 돌아갈 것이다. 하나님이 가장 놀라운 분이심을 보여 주는 삶을 사는 것이야말로 그리스도인의 삶의 목적이다. 사도 베드로는 베드로전서 4:11에서 이런 삶의 원칙을 제시한다. "누가 봉사하려면 하나님이 공급하시는 힘으로 하는 것 같이 하라 이는 범사에 예수 그리스도로 말미암아 하나님이 영광을 받으시게 하려 함이니." 섬길 수 있는 힘은 선물이다. 하나님이 이런 힘을 주신다. 이것을 믿고 의식적으로 의지할 때, 우리는 하나님이 힘을 주시는 영광스러운 분이라는 것을 보여 주는 것이다. 주시는 분이 영광을 받으신다.

이 구절을 이렇게 풀어서 쓸 수 있을 것이다. "주를 기뻐하는 자는 하나님이 주시는 기쁨 가운데 기뻐하라. 이는 범사에-우리의 기쁨을 포함하여-예수 그리스도로 말미암아 하나님이 영광을 받으시게 하려 함이니." 그러므로 하나님을 기뻐하는 것이 하나님의 선물이라는 믿음이야말로 하나님의 영광을 위해 살라는 우리의 소명에 필수적이다. 이러한 믿음이 우리의 다른 모든 전략의 토대다. 이러한 믿음은 다른 모든 전략을 낮추고 그것들을 믿음의 행위로 바꾼다. 우리는 기쁨을 향한 모든 추구 가운데서, 기도하고 그분의 은혜를 신뢰함으로써 선물을 구한다. 이 진리를 통해, 절망에 빠진 영혼이 자유를 얻고 교만한 자가 겸손해지기를 바란다.

2장

하나님의 영광을 보기 위해 싸우라

인간의 올바른 행복은 하나님을 즐거워하는 데 있다.
그러나 인간은 자신 속에 있는 것,
즉 처음 태어날 때 받은 것만으로는 하나님을 기뻐할 수 없다.
그러므로 인간은 반드시 거듭나야 한다.
조나단 에드워즈_"거듭남", 「조나단 에드워즈 전집」[1]

보는 것에는 여러 가지가 있다. 그렇지 않다면 예수님이 "그들이 보아도 보지 못하며"(마 13:13)라고 말씀하지 않으셨을 것이다. 한편으로는 보지만 다른 한편으로는 보지 못할 수 있다. 성경은 두 종류의 눈이 있다고 말한다. 마음의 눈이 있고 육체의 눈이 있다. 사도 바울은 "너희 마음의 눈을 밝히사 그의 부르심의 소망이 무엇이며 성도 안에서 그 기업의 영광의 풍성함이 무엇이며…너희로 알게 하시기를 구하노라"라고 기도했다(엡 1:18-19). 그러므로 마음의 눈이 존재한다. 그리고 마음의 눈을 통해 알거나 보는 것은 육체의 눈을 통해 보는 것과는 다르다.

다른 성경 구절들도 마음과 마음의 눈을 관련시킨다. 모세는 "깨닫는 마음과 보는 눈과 듣는 귀는 오늘까지 여호와께서 너희에게 주지 아니하셨느니라"라고 한탄했다(신 29:4). 물론 이스라엘은 육체의 눈으로는 여전히 볼 수 있었다. 하나님이 모든 이스라엘의 눈을 멀게 하신 것은 아니었다. 그러나 마음의 눈으로는 결코 볼 수 없었다. 이들은 보아도 보지 못했다. 이것은 에스겔 시대에도 마찬가지였다. "인자야 네가 반역하는 족속 중에 거주하는도다 그들은 볼 눈이 있어도 보지 아니하고"(겔 12:2). 예레미야도 이처럼 영이 눈 먼 상태를 슬퍼했다. "어리석고 지각이 없으며 눈이 있어도 보지 못하며"(렘 5:21).

그것을 만든 자와 의지하는 자가 다 그것과 같으리라

시편 기자는 내적인 몽매와 우상 숭배의 관계를 이렇게 묘사했다. "열국의 우상은 은금이요 사람의 손으로 만든 것이라.…눈이 있어도 보지 못하며…그것을 만든 자와 그것을 의지하는 자가 다 그것과 같으리로다"(시 135:15-18). 보지 못하는 우상을 만들어 놓고 의지하라. 그러면 당신도 보지 못하는 자가 될 것이다. 이 원리를 현대 세계에 적용하고, 우리 시대의 우상들을 생각해 보라. 우리는 무엇을 만들고 무엇을 의지하는가? 우리는 물건과 장난감, 기술을 만들고, 이런 것들은 다시 우리의 마음과 정서를 형성한다. 이런 것들은 우리 공허한 마음을 장난감 모양의 틀로 만들어 버린다. 이제 컴퓨터, 자동차, 각종 기기, 오락 매체 등이 우리를 쉽게 움직이고 흥분시키게 된다. 그리고 이것들은 우리 마음의 형태에 잘 들어맞는 것처럼 보인다. 사람들은 자신이 만들어 놓은 좁은 공간에서 편안함을 느낀다. 그러나 이러한 것들에서 쉽게 즐거움을 얻을 때 우리는 그리스도에게서 멀어진다. 그분은 비현실적으로 보이며 매력적이지도 않다. 마음의 눈은 이렇게 둔해진다.

바울은 이사야 예언자를 인용하면서 자신이 살던 시대의 이스라엘 사람들에 관해서도 똑같이 말했다. "이 백성들의 마음이 우둔하여져서…그 눈은 감았으니 이는 눈으로 보고…마음으로 깨달아 돌아오면 내가 고쳐 줄까 함이라"(행 28:27). 바꾸어 말하자면, 마음과 마음의 눈이 제 역할을 못하고 있다. 요한계시록에서 예수님은 스스로 부족한 것이 없다고 생각하는 라오디게아 교회에 이런 일이 일어나고 있는 것을 보시고 이렇게 말씀하셨다. "네 곤고한 것과 가련한 것과 가난한 것과 눈 먼 것과 벌거벗은 것을 알지 못하는도다." 그리고 이렇게 권하셨다. "내게서…안약을 사서 눈에 발라 보게 하라"(계 3:17-18).

이러한 하나님의 "안약"은, 바울이 에베소서 1:18에서 우리 마음의 눈을 밝혀 우리의 소망과 기업과 능력을 알게 해 달라고 기도할 때 구한 것임이 분명하다. 우리 마음의 눈을 치료하시는 전능하신 의사가 일하지 않으시면, 우리는 여전히 볼 수 없을 것이다. 우리에게는 영적 시력이라는 선물이 절실히 필요하다! 우리가 영적 시력 없이 얻는 그 어떤 기쁨도 영적 기쁨은 아닐 것이다. 이러한 기쁨은 그리스도의 아름다움에 대한 자발적인 반응이 아니기 때문이다. 그러므로 이러한 기쁨은 그리스도를 높이지 못하는, 피상적이며 덧없는 기쁨에 불과할 것이다.

왜 보는 것이 그토록 필수적인가?

왜 영적으로 보는 것이 하나님을 기뻐하는 데 그렇게 필수적인가? 하나님의 영광이 계시된 것은 그분의 백성을 즐겁게 하기 위해서인데, 영적으로 보는 것은 이러한 계시에 부응하는 마음의 행동이기 때문이다. 바꾸어 말하자면, 하나님이 우주를 창조하시고 구속의 역사를 주관하시는 궁극적인 목적은 구속받은 백성이 영원히 즐거워하도록 그분의 영광을 나타내는 것이다. 성경 밖의 인물 가운데 내게 그 누구보다도 많은 가르침을 준 조나단 에드워즈는 「하나님의 천지 창조 목적」(*The End for Which God Created the World*, 부흥과개혁사에서 출간한 「하나님의 영광을 위한 하나님의 열심」 제2권에 번역되어 있다―옮긴이)이라는 명저에서 이렇게 말했다. "하나님이 하시는 일의 궁극적인 목적이라고 성경이 말하는 모든 것이 하나님의 영광이라는 한 마디에 포함되는 것 같다."[2] 하나님의 영광을 보고 기뻐하며 그 가치를 드러내는 것이야말로 우리가 존재하는 이유다.[3] "내 아들들을 먼 곳에서 이끌며 내 딸들을 땅 끝에서 오게 하며…내가 내 영광을 위하여 창조한 자를 오게 하라 그를 내가 지었고 그를 내가 만들었느니라"(사 43:6-7). "너희가 먹든지 마시든지 무엇을 하든지 다 하나님의 영광을 위하여 하라"(고전 10:31).

우리가 보고 기뻐할 때 하나님은 영광을 받으신다

내가 읽은 가장 중요한 글 가운데 하나에서, 에드워즈는 이것을 이렇게 말했다.

> 하나님은 피조물을 향해 두 가지 방법으로 자신을 영화롭게 하신다. 1. 피조물의 지각에…자신을 드러내심으로써 자신을 영화롭게 하신다. 2. 피조물의 마음에 자신을 전달하고, 그분이 자신에 관해 드러내신 것들을 피조물이 기뻐하고 즐거워하며 누릴 때 영화롭게 되신다.…하나님은 우리가 그분의 영광을 볼 때뿐 아니라 그분의 영광을 기뻐할 때 영광을 받으신다. 하나님의 영광을 보는 사람들이 그분의 영광을 기뻐할 때,

하나님은 사람들이 단순히 그분의 영광을 볼 때보다 더 큰 영광을 받으신다.[4]

하나님이 하시는 모든 일에서 그분의 목적은 자신을 영화롭게 하는 것이다. 여기에는 그분에게서 나오는 광휘와 피조물로부터 나오는 반응이 모두 포함된다. 하나님의 영광은 바로 그분에게서 흘러나오며, 많은 방법으로 특히 그분의 백성이 그분을 보화로 여기고 즐거워할 때 다시 그분에게로 흘러 들어간다. 에드워즈는 이렇게 말한다. "찬란한 빛이 피조물을 비추며, 피조물 속으로 뚫고 들어가며, 다시 빛의 근원으로 되돌아온다. 영광의 빛줄기는 하나님에게서 나오며, 하나님을 드러내며, 그 근원으로 되돌아간다. 그러므로 모든 것이 하나님의 것이며, 하나님 안에 있으며, 하나님을 향해 있다. 하나님은 시작이요, 중간이며, 끝이다."[5]

영광을 보는 것은 영광을 맛보는 것의 기초다

하나님의 백성이 즐거워하는 데 가장 중요한 것은 그리스도 안에 계시된 하나님의 영광이다. 그러므로 이 영광을 제대로 보는 것이 얼마나 중요한지는 아무리 강조해도 지나치지 않다. 이 영광을 보는 것이 이 영광을 기뻐하는 것의 기초이기 때문이다. 그리고 이러한 기쁨은 그리스도의 가치를 세상에 드러내기 위한 기초이며, 사랑과 희생과 고난의 삶을 떠받치는 기초다.

그러므로 그리스도 안에서 만족을 추구할 때—이러한 만족이 그리스도를 위한 희생의 삶을 가능하게 한다—그리스도의 영광을 보려는 추구가 항상 그 바탕에 있다. 기쁨을 위한 싸움에서, 모든 전략은 직접·간접적으로 그리스도를 더욱 온전히 보기 위한 전략이다.

완전한 영광은 아직 보지 못했다

하나님의 영광과 보는 것이 이처럼 관련이 있기 때문에 우리는 앞에서 말한 두 종류의 보는 것을 이해해야 한다. 하나님의 영광은 어떤 의미에서는 아직 보이지 않지만 어떤 의미에서는 보인다. 바울은 로마서 8:18에서 이렇게 말한다.

"생각하건대 현재의 고난은 장차 우리에게 나타날 영광과 비교할 수 없도다." 이것은 영광이 아직은 나타나지 않았다는 뜻이다. 그러므로 그는 로마서 8:24-25에서 이렇게 말한다. "보는 것을 누가 바라리요. 만일 우리가 보지 못하는 것을 바라면 참음으로 기다릴지니라." 우리는 이러한 소망 가운데 기뻐한다. "그[그리스도]로 말미암아 우리가 믿음으로 서 있는 이 은혜에 들어감을 얻었으며 하나님의 영광을 바라고 즐거워하느니라"(롬 5:2).

이것은 모든 예언자들이 한결같이 가졌던 큰 소망이다. "여호와의 영광이 나타나고 모든 육체가 그것을 함께 보리라. 이는 여호와의 입이 말씀하셨느니라"(사 40:5). "때가 이르면 뭇 나라와 언어가 다른 민족들을 모으리니 그들이 와서 나의 영광을 볼 것이며"(사 66:18). 그들이 여호와의 영광을 볼 것임을 주목하라. 보는 행위가 하나님의 영광의 크고 최종적인 계시와 연결된다. 우리가 소망하지만 아직은 보지 못하는 하나님의 영광이 있다.

이미 본 영광이 영광의 소망을 지탱시켜 준다

그러나 이것이 전부는 아니다. 우리가 하나님의 영광의 계시를 소망하는 이유는, 실제로 그 영광이 우리 마음을 영원히 사로잡을 만큼 그리스도와 자연 안에서 그 영광을 많이 보았기 때문이다. 사도 베드로는 어떤 의미에서 우리가 지금 그리스도를 보지 못한다는 것을 인정한다. 그러나 다음의 말씀을 보라. "예수를 너희가 보지 못하였으나 사랑하는도다 이제도 보지 못하나 믿고 말할 수 없는 영광스러운 즐거움으로 기뻐하니"(벧전 1:8). 우리는 지금 보는 것이 너무나 불완전해서 때로 괴로워할 수도 있다(롬 8:23). 그러나 베드로에게 이미 본 것의 기쁨과 장차 볼 것에 대한 소망은 말로 표현할 수 없으며 영광으로 가득하다.

그러므로 베드로는 그리스도인들에게 그리스도를 알고 드러내기 위해 현재의 어떤 희생도 기꺼이 감수할 만큼 영광의 소망에 깊이 빠지라고 요구했다. "오히려 너희가 그리스도의 고난에 참여하는 것으로 즐거워하라 이는 그의 영광을 나타내실 때에 너희로 즐거워하고 기뻐하게 하려 함이라"(벧전 4:13). 그리스도의 영광이 최종적으로 계시될 때 우리의 기쁨도 절정에 이를 것이다. 모든 희생은 그만한 가치가 있을 것이다. 실제로 그리스도를 위해 가장 많은 고난을 겪은 사람들은 진심으로 이렇게 말할 것이다. "우리는 결코 희생하지 않았습니다. 지금 우리가 겪는 일시적인 가벼운 고난은, 비교할 수 없을 정도로 영원하고 크나큰 영광을 우리에게 가져다 줄 것입니다"(고후 4:17을 보라).

자연이 계시하는 하나님의 영광

우리가 이미 본 영광과 그것을 장차 더 많이 보리라는 소망이 지금 우리의 소망을 낳으며 유지해 준다. 자연은 이것을 장엄하게 계시한다(비록 그리스도와 비교하면 초라할지라도). "하늘이 하나님의 영광을 선포하고 궁창이 그의 손으로 하신 일을 나타내는도다. 날은 날에게 말하고 밤은 밤에게 지식을 전하니"(시 19:1-2). 우리는 바울이 로마서 1:20에서 강한 어조로 한 말을 통해, 하나님의 영광을 드러내는 우주 속에서 "보이지 아니하는" 그분의 속성을 우리가 이미 "보았다"는 것을 안다. "창세로부터 그의 보이지 아니하는 것들 곧 그의 영원하신 능력과 신성이 그 만드신 만물에 분명히 보여(헬라어 '카소라타이') 알게 되나니." 이 얼마나 놀라운가! 바울은 자연이 (원자에서 초신성에 이르기까지) 하나님의 영광을 드러낼 때 모두가 그분의 영광을 분명하게 본다고 말한다. 그러나 우리는 보아도 보지 못한다.

왜 그런가? 바울은 "불의로 진리를 막는 사람들의 모든 경건하지 않음과 불의" 때문이라고 말한다(롬 1:18). 우리는 보지만 막아 버린다. 우리는 생각 없고, 도덕도 없고, 사랑도 없는 자연주의의 진화론을 하나님의 영광보다 더 좋아한다. 우리는 얼마나 부패했는지 모른다! 비극적이기 이를 데 없다. 우리는 진리를 막는 한 번의 교만한 행동으로 스스로 하나님과 기쁨으로부터 단절된다. 하나님은 그분의 자녀들이 자연의 아름다움에서 얼마나 큰 기쁨을 누리길 원하시는가! 자연 그 자체가 목적은 아니지만 무한할 정도로 다양하고 경이로운 장관들이 항상 하나님의 위엄을 보여 준다.

"여호와여 주께서 하신 일이 어찌 그리 많은지요. 주께서 지혜로 그들을 다 지으셨으니 주께서 지으신 것들이 땅에 가득하니이다. 거기에는 크고 넓은 바다가 있고 그 속에는 생물 곧 크고 작은 동물들이 무수하니이다. 그 곳에는 배들이 다니며 주께서 지으신 리워야단이 그 속에서 노나이다"(시 104:24-26). 하나님은 창조 세계에서 충만하게 드러나신다. 그분 영광의 아름다움과 다양함과 위대함이 실로 무한하기 때문이다. 그러나 우리가 보아도 보지 못하니 이 얼마나 슬픈 일인가! 우리는 인간이라는 정교한 동물 안에서 일어나는 화학 작용으로 느낄 수 있는 즐거움에 의지할 뿐이다.

기쁨을 죽이는 눈 먼 상태는 치유될 수 있다

이런 성향은 바뀔 수 있으며, 우리는 이것을 바꾸기 위해 온 힘을 다해 싸워야 한다. 우리 마음은 사막이 백합화처럼 필 때 "여호와의 영광 곧 우리 하나님의 아름다움을 보도록"(사 35:2) 바뀔 수 있다. 이러한 변화는 우리가 하나님께로 돌이킬 때 일어난다. 그 때 비로소 어두운 마음에서 수건이 벗겨진다. 우리가 성경을 읽든 자연의 책을 읽든 간에, 바울이 유대인들에게 한 말은 우리 모두에게 적용된다. "그들의 마음이 완고하여…그 수건이 벗겨지지 아니하고 있으니, 그 수건은 그리스도 안에서 없어질 것이라.…언제든지 주께로 돌아가면 그 수건이 벗겨지리라"(고후 3:14-16).

구원은 보지 못하는 자들이 보게 하는 것이다. 하나님이 그리스도를 이 세상에 보내신 것은 영적으로 눈 먼 우리를 위해 죽으시고, 우리의 죗값을 지불하시며, 우리가 받아 마땅한 진노를 대신 받으시고, 모든 믿는 자들에게 완벽하게 전가된 의를 주시기 위해서다. 이것이 지금까지 나타났고 앞으로 나타날 하나님의 영광 중에서 가장 아름다운 것이다. 우리가 구속받은 후 바라볼 수 있게 된 하나님의 영광은 구속 그 자체에서 가장 아름답게 나타난다. 영광스럽기 이를 데 없는 그리스도는 우리를 영적으로 눈 먼 상태에서 구원하는 수단이요 목적이다. 그리스도의 삶과 죽음과 부활과 천국에서의 다스리심이, 우리 죄인들이 다시 보게 되는 수단인 동시에 구원받은 우리가 보는 가장 고귀한 영광이다.

왜 그리스도가 계신 곳에서만 해결되는가?

바로 이 때문에 하나님은, 그리스도께 돌이키는 것이 우리 눈을 회복하는 길이 되게 하셨다. 회복의 핵심은 그리스도의 영광을 보고 누릴 수 있게 된다는 것이다. 우리에게 눈—육체의 눈과 영혼의 눈—이 있는 것도 바로 이 때문이다. 그러므로 하나님이 그리스도의 영광의 계시가 아닌 다른 수단을 통해 보게 하신다면, 본다는 것의 목적 자체와 모순될 것이다. 보는 눈을 받았는데 볼 그리스도가 없다면, 봄으로써 얻는 기쁨이 그리스도를 영화롭게 하지 못할 것이다. 그러나 하나님은 그리스도를 영화롭게 하시려고 우리의 내적인 시력을 회복시키시는 성령을 보내셨다. 예수님은 이렇게 말씀하셨다. "진리의 성령이 오시면 그가…내 영광을 나타내리니"(요 16:13-14). 그러므로 성령은 그리스도의 영광이 임하는 곳에서만, 눈 먼 자들의 눈을 여실 것이다.

어떻게 그리스도의 영광이 볼 수 있게 임하는가?

그러나 그리스도는 하늘에 계시고 그분의 영광스러운 구속 사역은 수천 년 전에 일어난 사건인데 어떻게 그분의 영광이 볼 수 있게 임할 수 있는가? 사도 바울은 성경에서 복음을 이야기하는 가장 중요한 단락 중 하나에서 그 해답을 제시한다.

> 우리의 복음이 가려 있다면, 그것은 멸망하는 자들에게 가려 있는 것입니다. 그들의 경우를 두고 말하면, 이 세상의 신이 믿지 않는 자들의 마음을 어둡게 하여서, 하나님의 형상이신 그리스도의 영광을 선포하는 복음의 빛을 보지 못하게 한 것입니다. 우리는 우리 자신을 전하는 것이 아니라, 예수 그리스도를 주님으로 선포합니다. 우리는 예수로 말미암아 우리 자신을 여러분의 종으로 내세웁니다. "어둠 속에 빛이 비쳐라" 하고 말씀하신 하나님께서, 우리의 마음속을 비추셔서, [예수] 그리스도의 얼굴에 나타난 하나님의 영광을 아는 지식의 빛을 우리에게 주셨습니다(고후 4:3-6, 새번역).

여기서 바울은 회심—사탄이 온갖 수단을 동원하여 막으려 하는—이란 "그리스도의 영광을 선포하는 복음의 빛을 보는 것"이라고 정의한다(4절). 그리고 6절에서는 "예수 그리스도의 얼굴에 나타난 하나님의 영광을 아는 지식의 빛을 우리에게 주신 것"이라고 다르게 표현한다. 회심에 대한 이러한 설명은 두 가지를 암시한다. 첫째, 복음은 그리스도를 아는 "지식"을 마음의 눈이 그분의 영광을 볼 수 있는 방식으로 선포하는 것이다. 둘째, 이처럼 우리가 "보는 것"은 하나님의 일이며, "우리의 마음속을 비추는" 일도 그분이 창조의 첫 날에 "빛이 비쳐라" 하고 말씀하셨을 때와 똑같은 방식으로 하신 것이다. 바꾸어 말하자면, 복음에서 그리스도의 영광을 보는 것은 선물이다.

그러므로 내가 앞에서 성령께서 그리스도의 영광이 임한 곳에서만 보지 못하는 자들의 눈을 여실 것이라고 했을 때 의미한 것은, 하나님은 그리스도의 복음을 듣는 곳에서만 그 마음에 "빛이 비쳐라" 하고 말씀하신다는 것이다. 하나님은 복음에 나타난 그리스도의 영광을 수단으로, 복음에 나타난 그리스도의 영광을 위해, 복음에 나타난 그리스도의 임재 가운데서만 우리 눈을 회복해 주신다. 이런 식으로 우리의 눈이 열리고 빛이 비칠 때, 우리는 그리스도 자신을 보고 누리며 영화롭게 한다.

그리스도가 우리 죄를 위해 죽으시고 부활하셨다는 복음을 전하는 것은(고전 15:1-4) 역사에 계시된 그리스도의 영광을 재현하는 것이다. 사도 요한은 그의 시대에 이렇게 말했다. "말씀이 육신이 되어 우리 가운데 거하시매 우리가 그의 영광을 보니 아버지의 독생자의 영광이요 은혜와 진리가 충만하더라"(요 1:14). 바꾸어 말하자면, 영원한 "말씀"—하나님의 아들—이 역사에 들어오셔서 "예수 그리스도의 얼굴에 나타난 하나님의 영광"을 계시하셨다. 그러므로 이제 하나님의 말씀("그리스도의 영광을 선포하는 복음")이 똑같은 영광("예수 그리스도의 얼굴에 나타난 하나님의 영광을 아는 지식의 빛")을 비춘다. 그리스도인이 된다는 것은 복음을 들을 때 이러한 영광을 본다는 뜻이다.

하나님은 말씀을 통해 자신을 계시하신다

하나님의 말씀과 하나님의 영광—듣는 것과 보는 것—사이의 이러한 관계는 새로운 것이 아니다. 출애굽기 33:18에서, 모세는 시내 산에서 하나님께 "원하건대 주의 영광을 내게 보이소서"라고 했다. 그는 하나님의 영광을 보기를 원했다. 모세의 요청에, 하나님은 말씀을 통해 자신을 계시하시면서 이렇게 말씀하셨다. "내가 내 모든 선한 것을 네 앞으로 지나가게 하고 여호와의 이름을 네 앞에 선포하리라"(19절). 그런 후, 하나님은 산에서 이 말씀대로 하시면서 그분의 이름의 의미를 온전히 선포하셨다. "여호와께서 그의 앞으로 지나시며 선포하시되, 여호와라 여호와라 자비롭고 은혜롭고 노하기를 더디하고 인자와 진실이 많은 하나님이라. 인자를 천대까지 베풀며 악과 과실과 죄를 용서하리라 그러나 벌을 면제하지는 아니하고 아버지의 악행을 자손 삼사 대까지 보응하리라"(출 34:6-7). 이것이 "주의 영광을 내게 보이소서"라고 했던 모세의 요청에 대한 하나님의 가장 깊은 대답이었다. 하나님은 그분의 은혜로운 이름의 본질을 말씀으로 선포하셨다.

이와 비슷하게, 하나님은 사무엘 예언자에게도 말씀으로 자신을 계시하셨다. 사무엘상 3:21은 이렇게 말한다. "여호와께서 실로에서 다시 나타나시되 여호와께서 실로에서 여호와의 말씀으로 사무엘에게 자기를 나타내시니라." 우리가 인간으로서 원하는 것은 바로 이것이다. 우리는 하나님이 직접 계시를 주시기를 원한다. 우리도 모세처럼 "주의 영광을 내게 보이소서"라고 말하고 싶다. 그리고 "우리에게 나타날 영광"이 "현재의 고난"을 아무것도 아닌 것으로 보이게 할 날이 정말로 오고 있다(롬 8:18). 그러나 지금 이 세대에서는, 하나님은 주로 "여호와의 말씀으로" 그분의 영광을 계시하기로 하셨다. 듣기는 이 세대에서의 주된 방법이다.

듣기에 성공할 때 영광을 볼 수 있다

하나님의 말씀과 하나님의 영광의 이러한 관계는 매우 독특한 것이며, 따라서 우리는 이 관계를 확실히 알아야 한다. 하나님은 영적으로 보는 것이 주로 듣는 것을 통해 이루어지도록 하셨다. 그리스도는 볼 수 있게 임하시지 않는다. 그분은 지금 하나님의 말씀으로, 특히 복음으로 임하여 계신다. 바울은 "믿음은 들음에서 나며 들음은 그리스도의 말씀으로 말미암았느니라"(롬 10:17)고 했다. 그러나 우리는 고린도후서 4:4을 통해 믿음이 "그리스도의 영광을 선포하는 복음의 빛을 보는" 데서 생긴다는 것을 알고 있다. 그러므로 성령의 역사로 복음을 들을 수 있게 될 때 그리스도의 영광을 보는 일이 마음에서 일어난다고 말할 수 있다. 다시 말해, 복음을 통해 전능하신 창조의 하나님이 "이 어두운 마음에 빛이 비쳐라"라고 말씀하실 때 복음은 믿음을 낳는다. 진리를 듣고서 은혜로 보게 될 때 믿음이 생긴다.

이것이 중요한 이유는 하나님의 영광이 궁극적인 실재이기 때문이다. 하나님의 영광이 하나님의 말씀보다 더 궁극적이다. 그러므로 보는 것이 듣는 것보다 더 궁극적이다. 그럼에도 불구하고, 하나님의 영광은 하나님의 말씀을 통하지 않고는 구원의 방법이 될 수 없다. 그러므로 복음을 듣지 않고는 영광을 볼 수 없다. 말씀은 듣기에 해당하며 영광은 보기에 해당한다. 하나님이 말씀을 주시는 궁극적인 목적은 그분의 백성이 누리도록 그분의 영광을 계시하는 것이다. 그러므로 우리는 그분이 계시하시는 것을 보기 위해 그분이 말씀하시는 것을 들어야 한다. 성경은 하나님의 영광은 듣는 것이 아니라 보는 것이라고 말한다. 듣기는 수단이며, 보는 것은 목적이다. 우리가 하나님의 진리를 듣는 목적은 하나님의 영광을 보기 위해서다.

우리는 그리스도를 맛보고 드러내기 위해 본다

그렇다. 하나님의 영광을 보는 것이 그분의 진리를 듣는 목적이다. 그러나 하나님의 영광을 보는 것이 우리의 궁극적인 목적은 아니다. 우리의 궁극적인 목적은 하나님을 영원히 기뻐함으로써 그분을 영화롭게 하는 것이다. 하나님을 맛보지 않는다면, 그분은 단순히 보는 행위를 통해 영광을 받지 않으실 것이다. 그러므로 우리 마음의 최종 목적은 단지 하나님의 영광을 보는 것이 아니라 누리는 것이다. 그리고 우주의 최종 목적은 하나님의 영광을 가능한 한 충만하게 드러내는 것이다. 이러한 충만은, 반드시 그런 것은 아니지만 그분의 백성이 그분 아들의 영광 가운데 즐거워하면서 드리는 뜨겁고 기쁨에 찬 예배를 통해서 주로 이루어진다.

"반드시 그런 것은 아니다"라고 한 것은, 불신앙에 대한 하나님의 진노도 그분의 공의와 지혜를 영화롭게 할 것이기 때문이다. 내가 "주로"라고 한 것은, 심판은 하나님이 자기 이름의 영광을 드러내기 위해 세우신 최고의 계획이 아니기 때문이다. 오히려 최고의 계획은 "이방인들도 그 긍휼하심으로 말미암아 하나님께 영광을 돌리게" 하는 것이다(롬 15:9). 하나님의 백성이 즐거이 기뻐하는 가운데 그분의 은혜의 영광이 계시되는 것이야말로 하나님이 세상을 창조하신 가장 크고 궁극적인 목적이다. "창세 전에 그리스도 안에서 우리를 택하사…그의 은혜의 영광을 찬송하게 하려는 것이라"(엡 1:4, 6).

영광을 본다는 것은 그 영광에 빠진다는 뜻이다

우리가 하나님의 영광을 보기 위해 싸운다면 이런 일이 일어날 것이며, 우리의 마음은 그분의 영광 가운데서 기쁨으로 가득할 것이다. 고린도후서 3:18은 하나님의 영광을 기뻐하고 그 영광을 나타내기 위해서는 그 영광을 반드시 보아야 한다고 분명하게 말한다. "우리가 다 수건을 벗은 얼굴로 거울을 보는 것 같이 주의 영광을 보매 그와 같은 형상으로 변화하여 영광에서 영광에 이르니 곧 주의 영으로 말미암음이니라." 우리는 복음에서 그리스도의 영광을 봄으로써 변화된다. 어떤 방법으로 변화되는가? 외적인 변화가 아니라 내적인 변화가 먼저 일어난다. 그렇다면 "주의 영광을 봄으로써" 일어나는 내적인 변화는 무엇인가?

바로 그리스도 그분과, 하나님이 그분 안에서 우리에게 주시는 모든 것을 기뻐하게 된다는 것이다. 우리는 그리스도 안에 있는 영적인 실재들을 새롭게 맛보고 하나님의 말씀 안에서 하나님의 영광을 새롭게 맛보고 누릴 수 있게 된다. 그러므로 우리의 삶에서 "주의 영광을 보는 것"보다 중요한 것은 없다. 바울이 뒤에서 말하듯이(고후 4:4), 사탄은 우리가 "그리스도의 영광을 선포하는 복음의 빛"을 보지 못하게 하려고 온갖 수단을 동원한다. 기쁨을 위한 싸움에서 가장 기본적인 전략은 보기 위한 전략이다. 이 책이 추천하는, 기쁨을 위한 싸움의 모든 전략의 목적은 언제나 보는 것이다. 직접적이든 간접적이든 간에, 모든 전략은 그리스도의 영광을 보고 무엇보다도 그분의 아름다움에 빠지게 되는 것이다.

마지막 기도에 나타난 그리스도의 사랑

사랑하는 제자 요한은 예수님이 십자가에 달리시기 전날 밤 "세상에 있는 자기 사람들을 사랑하시되 끝까지 사랑하시니라"(요 13:1)고 말한다. 그분 사랑의 증거 가운데 하나는 예수님이 제자들을 위해, 이들의 말을 통해 그분을 믿게 될 우리를 위해 해주신 놀라운 기도였다(요 17:20). 기도가 절정에 이르렀을 때, 주님은 이렇게 말씀하셨다. "아버지여 내게 주신 자도 나 있는 곳에 나와 함께 있어, 아버지께서 창세 전부터 나를 사랑하시므로 내게 주신 나의 영광을 그들로 보게 하시기를 원하옵나이다"(24절). 왜 이 세상에 산 사람들 중 가장 사랑 많은 분이 그분의 삶에서 가장 사랑이 넘치는 순간에, 우리가 그분의 영광을 보면서 영원을 보낼 수 있게 해달라고 기도하셨을까?

그 대답은 어렵지 않다. 그렇게 되면 우리의 마음이 만족하고 그분이 영화롭게 되실 것이기 때문이다. 그리스도의 사랑을 받는다는 것은 바로 이런 뜻이다. 그분은 영원히 우리를 만족시키고 영원히 그분을 영화롭게 할 것을 위해 기도하신다. 그분의 영광을 영원히 보는 것이야말로 그분이 우리에게 주실 수 있는 가장 큰 선물이다. 그러므로 그분이 우리가 이 선물을 가질 수 있도록 기도하고 죽으신 것 자체가 선물이다. 그리고 그분이 죽음을 통해 우리에게 보여 주시려고 한 것을 볼 수 있도록 힘을 다해 싸우기로 결심하는 것이야말로 그리스도를 크게 높이는 것이다. 앞으로의 내용은 당신이 이렇게 하도록 돕기 위한 것이다. 물론 나는 여전히 배우는 중이다. 부디 주님이, 사도 바울을 본받아 "보이는 것이 아니요 보이지 않는 것"을 보도록 우리에게 은혜를, 점점 더 많은 은혜를 베풀어 주시길 원한다(고후 4:18). 이처럼 보이지 않는 것을 봄으로써, 보이는 것만 볼 때보다 그리스도를 더 많이 볼 수 있게 하소서!

마음의 눈으로 그리스도를 본다는 것은 무슨 뜻인가?

그렇다면 이처럼 마음의 눈으로 본다는 것은 무엇인가? 바로 그리스도의 참된 진리와 아름다움과 가치를 영적으로 지각하는 것이다. 조나단 에드워즈의 표현을 빌리자면, "하나님의 말씀에 계시된 것들에서 그분의 탁월하심을 느끼는 정확한 감각이며, 이것들이 보여 주는 진리에 대한 확신이다."[6] 여기서 핵심 단어는 "감각"(sense)이다. 마음의 눈으로 보는 사람은 "하나님이 영화롭다는 것을 단순히 이성적으로 믿는 데 그치지 않고 그분의 영화로움을 느끼는 감각을 마음에 지니고 있다. 그에게는 하나님은 거룩하시며 그 거룩은 선하다는 이성적 믿음뿐 아니라 하나님의 거룩하신 아름다움에 대한 감각도 있다."[7]

이러한 "감각"이나 지각이 물리적인 지각과는 다르지만 그것과 완전히 동떨어진 것은 아니다. 복음이 제시되고 그리스도의 완전과 그분의 사역이 객관적으로 묘사될 때, 이러한 것들에 대한 물리적인 지각은 수용이나 거부로 이어질 수 있다. 그러나 영적 지각은 수용으로만 이어진다. 실제로 영적 지각과 수용은 너무나 긴밀하게 엮여 있기 때문에 둘을 구별하기란 불가능하다. 실제로 어떤 것을 무한한 갈망의 대상으로 지각하는 것과 그것에 대한 갈망에 눈뜨는 것을 구별할 수 있는가? 그리스도에 대한 갈망에 눈뜨는 것이 곧 그분을 갈망의 대상으로 인식하는 것이 아닌가?

다윗이 시편 34:8에서 한 말이 이것을 암시하는 것 같다. "너희는 여호와의 선하심을 맛보아 알지어다." 어느 것이 먼저인가? 여호와의 선하심을 맛보는 것인가, 아니면 여호와의 선하심을 아는 것인가? 아니면 맛본다는 것이 곧 안다는 것인가? 이 말씀에 대한 토머스 비니(Thomas Binney)의 묵상에 귀를 기울여 보라.

> 경험을 통해서만 이해할 수 있고 그럴 때조차도 말로는 정확히 표현할 수 없는 것들이 있는데, 특히 신앙생활의 깊은 곳에 이런 것들이 있다. "너희는 여호와의 선하심을 맛보아 알지어다." 누림(enjoyment)이 조명(illumination)보다 앞선다. 더 정확히 말하면 누림이 곧 조명이다. 먼저 사랑해 봐야만 사랑할 가치가 있는지 알 수 있는 것들이 있다.[8]

이것이 신체적 지각과 영적 지각의 차이점이다. 영적 지각은 영혼에 새로운 입맛을 만들어 내는 것이다. 회심하기 전에는 그리스도라는 꿀이 시거나 텁텁해서 영혼이 갈망할 만한 것이 아니었다. 그런데 은혜로 달콤함을 아는 새로운 능력이 우리에게 주어졌고, 우리는 그리스도라는 꿀을 있는 그대로-달콤하고 매력적인 것으로-맛보았다. 이렇게 보는 것은 그리스도에 대한 즐거움을 가져온다. 보는 것과 누리는 것은 분리될 수 없다. 실제로, 누리는 것이 곧 보는 것인 것 같다. 또는 조나단 에드워즈가 말하듯이 마음이 어떤 사람을 사랑스럽게 본다는 것은 그 사람이 영혼에 즐거움을 준다는 것을 뜻한다.

꿀이 달다는 이성적 판단과 꿀의 단맛을 느끼는 것은 다르다…그러므로 어떤 사람이 아름답다고 믿는 것과 그의 아름다움을 느끼는 것은 다르다. 전자는 소문으로도 가능하지만 후자는 실제로 봐야만 가능하다.…마음이 어떤 것이 아름답고 추구할 가치가 있다고 느낄 때는 필연적으로 거기서 즐거움을 느낀다. 어떤 것에 대해 마음으로 사랑을 느낀다는 것은

그것에 대한 생각이 영혼에 달콤함과 즐거움을 준다는 것을 뜻한다.[9]

그리스도를 보고 기뻐하는 것이 그분을 아는 것과 어떤 관련이 있는가?

이처럼 그리스도를 영적으로 보는 것과 누리는 것—또는 그분의 아름다움에 대한 이러한 영적 감각과 그에 상응하는 영혼의 즐거움—이 합해져 바울이 그리스도를 "아는 것"이라고 말하는 것을 형성한다. 바울은 에베소서 3:19에서 우리가 "지식을 초월하는 그리스도의 사랑을 알게 되기를"(표준새번역 개정판)이라고 기도한다. 그리고 빌립보서 3:8에서는 "모든 것을 해로 여김은 내 주 그리스도 예수를 아는 지식이 가장 고상하기 때문이라"라고 말한다. 이러한 지식은 단순한 지적 지식이 아니다. 이 지식을 너무나 잘 아는 마귀들은 두려워 떤다(약 2:19). 이러한 지식은 "가장 고상한" 지식이다. 이러한 지식은 맛보는 것과 보는 것을 포함한다. 이것은 꿀을 직접 혀에 대 보고 그 달콤함을 맛볼 때만 알 수 있는 지식이다. 그러므로 이렇게 그리스도를 안다는 것은 그분을 있는 그대로 보며, 그 무엇보다 그분을 더 기뻐한다는 뜻이다.

그러므로 "우리가 여호와를 알자. 힘써 여호와를 알자"(호 6:3)는 예언자의 도전은, 보기 위해 싸우며 그 싸움에서 그리스도의 영광을 보고 누리는 데 집중하라는 이 책의 도전과 같은 것이다.

3장
복음 안에서 기쁨을 위해 싸우라

믿음의 주요 또 온전하게 하시는 이인 예수를 바라보자.
그는 그 앞에 있는 기쁨을 위하여
십자가를 참으사 부끄러움을 개의치 아니하시더니
하나님 보좌 우편에 앉으셨느니라.
히브리서 12:2

자격 없는 사람이 기쁨을 느낄 때 가장 본질적인 것은 예수 그리스도의 십자가다. 기쁨을 위한 싸움은 그리스도의 죽음에서 일어난 일―그리고 그 일이 고난당하신 우리의 구원자에 관해 계시하는 것―을 이해하고 그것을 놀라워하기 위한 싸움이다. 그리스도가 우리 대신 죽지 않으셨다면, 우리에게 가능한 기쁨이란 타이타닉 호가 빙산과 충돌하기 직전에 승객들이 누렸던 기쁨처럼 망상에 불과할 것이다. 십자가가 없다면, 피할 수 없는 하나님의 심판을 (의식적 또는 무의식적으로) 부인함으로써 기쁨을 지킬 수밖에 없을 것이다. 사실, 이러한 기쁨이 대부분의 세상을 움직이고 있다. 바로 앞에 놓인 위험을 알아차리지 못함으로써 그 유쾌함을 유지하는 기쁨인 것이다. 그들이 차가운 바다에 빠져 죽는 것은 시간문제일 뿐이라는 것을 갑자기 알게 된다면, 승객들의 모든 흥겨움은 순식간에 사라질 것이다. 그들의 기쁨은 그들의 무지에 달려 있다.

그러나 승객들이 호화 여객선이 침몰하리라는 것을 알지만, 한편으로 아주 믿을 만한 배와 선원들로 구성된 함대가 이미 오는 중이며 그들의 지시에 따르는 모든 승객을 구조하리라는 것을 안다면 전혀 다른 일이 벌어질 것이다. 틀림없이, 흥겨운 파티는 중단되고 배 전체에 진지한 분위기가 퍼질 것이다. 그러나 또 다른 종류의 기쁨이 있을 것이다. 구조대원들에 대한 깊은 감사, 많은 것을 잃겠지만 생명만은 구할 것이라는 깊은 소망이 있을 것이다. 어떤 사람들은 구조 약속을 믿지 못하고 의심하면서 공포에 질릴 것이다. 그러나 어떤 사람들은 소망의 힘을 얻고 일어나, 다가오는 침

몸을 준비하면서 놀라운 사랑의 행동을 보여 줄 것이다.

타이타닉: 우리는 부패했으며 정죄받았다

예수 그리스도는 우리 죄를 위해 죽으시고 우리를 하나님의 진노에서, 죄의 짐에서, 공의의 심판에서, 죄의 결박에서, 지옥의 고통에서, 모든 상실에서—특히 하나님을 상실하는 데서—구하려고 하나님의 아들로 세상에 오셨다. 우리의 문제는 단지 우리가 부패했다는 것이 아니다. 더 심각한 문제는 하나님의 심판이다. 틀림없이 우리는 부패했으며 옛 신학자들의 말처럼 타락했다. 바울은 이것을 가리켜 "다 죄 아래 있다…의인은 없나니 하나도 없으며"라는 말로 표현한다(롬 3:9-10).

이러한 부패는 영원한 즐거움을 가로막는 거대한 장애물이다. 우리는 잘못된 것을 갈망하며, 옳은 것을 잘못된 방법으로 갈망한다. 두 경우 모두 달콤한 독을 먹는 것처럼 치명적이다. 그러나 우리의 기쁨을 가로막는 주된 장애물은 부패가 아니다. 하나님의 진노가 더 크다. 하나님은 무한히 가치 있는 분이지만 우리는 다른 것을 그분보다 더 가치 있게 여김으로써 그분을 무한히 저버렸다. 우리는 "하나님의 영광을…바꾸었다"(롬 1:23). 또는 바울이 말하듯이 우리 모두는 "하나님의 영광에 이르지 못한다"(롬 3:23).

그러므로 거룩하고 공의로운 하나님은 우리에 대한 진노를 해결하셔야 한다. "아들을 믿는 자에게는 영생이 있고, 아들에게 순종하지 아니하는 자는 영생을 보지 못하고 도리어 하나님의 진노가 그 위에 머물러 있느니라"(요 3:36). "누구든지 율법 책에 기록된 대로 모든 일을 항상 행하지 아니하는 자는 저주 아래에 있는 자라 하였음이라"(갈 3:10). 이러한 저주와 진노의 결과는 하나님의 영광에서의 단절이라는 영원한 비극이다. "우리 주 예수의 복음에 복종하지 않는 자들에게 형벌을 내리시리니 이런 자들은 주의 얼굴과 그의 힘의 영광을 떠나 영원한 멸망의 형벌을 받으리로다"(살후 1:8-9). 눈앞에 닥친 빙산은 영원한 행복이 아니라 비극일 뿐이다.

우리는 죄 때문에 타이타닉 호와 같은 운명에 처해 있다. 한 사람도 예외는 없다. "모든 입을 막고 온 세상으로 하나님의 심판 아래에 있게 하려 함이라"(롬 3:19). 죄로 가득한 우리 인생의 배는 하나님의 의와 진노 때문에 영원한 멸망을 향해 가고 있다. 구원자가 없다면, 세상이라는 타이타닉 호에서 행복하기 위해 이러한 사실을 외면할 수밖에 없다.

예수 그리스도: 기쁨을 파괴하는 모든 것에서 구하시는 위대한 구원자

그러나 우리에게는 구원자가 있다. 예수 그리스도가 오셨다. 그분은 위대한 구원자시며 우리의 모든 필요를 채우신다. 그분의 십자가 죽음은 깊고 영원한 기쁨을 주는 모든 선물을 살 수 있을 만큼 값지다.

진노와 저주가 우리 위에 머물러 있는가?

그리스도께서 우리를 위하여 저주를 받은 바 되사 율법의 저주에서 우리를 속량하셨으니 기록된 바 나무에 달린 자마다 저주 아래에 있는 자라 하였음이라(갈 3:13).

우리가 천국의 법정에서 정죄를 받는가?

누가 능히 하나님께서 택하신 자들을 고발하리요 의롭다 하신 이는 하나님이시니 누가 정죄하리요 죽으실 뿐 아니라 다시 살아나신 이는 그리스도 예수시니 그는 하나님 우편에 계신 자요 우리를 위하여 간구하시는 자시니라(롬 8:33-34).

우리에게 불리하게 작용할 수많은 죄가 쌓이고 있는가?

우리는 그리스도 안에서 그의 은혜의 풍성함을 따라 그의 피로 말미암아 속량 곧 죄 사함을 받았느니라(엡 1:7).

우리는 불가능한 의를 요구받고 있는가?

한 사람이 순종하지 아니함으로 많은 사람이 죄인 된 것 같이 한 사람이 순종하심으로 많은 사람이 의인이 되리라(롬 5:19).

우리는 영생에서 끊어졌는가?

하나님이 세상을 이처럼 사랑하사 독생자를 주셨으니 이는 그를 믿는 자마다 멸망하지 않고 영생을 얻게 하려 하심이라 (요 3:16).

우리는 삶을 망치는 죄의 지배에 갇혀 있는가?

친히 나무에 달려 그 몸으로 우리 죄를 담당하셨으니 이는 우리로 죄에 대하여 죽고 의에 대하여 살게 하려 하심이라(벧전 2:24). 그가 모든 사람을 대신하여 죽으심은 살아 있는 자들로 하여금 다시는 그들 자신을 위하여 살지 않고 오직 그들을 대신하여 죽었다가 다시 살아나신 이를 위하여 살게 하려 함이라(고후 5:15).

우리의 과거 모든 어리석은 행위와 실패가 회복할 수 없는 파멸로 우리를 끌어가는가?

우리가 알거니와 하나님을 사랑하는 자 곧 그의 뜻대로 부르심을 입은 자들에게는 모든 것이 합력하여 선을 이루느니라 (롬 8:28).

우리는 하나님이 그분의 자녀들을 위해 계획하신 좋은 것들을 모두 잃어버렸는가?

자기 아들을 아끼지 아니하시고 우리 모든 사람을 위하여 내주신 이가 어찌 그 아들과 함께 모든 것을 우리에게 주시지 아니하겠느냐(롬 8:32).

우리 같은 죄인에게, 충만한 만족을 주는 영생을 하나님과 함께 누릴 소망이 있는가? 도대체 내가 어떻게 하나님 곁으로 갈 수 있는가?

그리스도께서도 단번에 죄를 위하여 죽으사 의인으로서 불의한 자를 대신하셨으니 이는 우리를 하나님 앞으로 인도하려 하심이라(벧전 3:18).

예수 그리스도가 죽으시고 부활하심으로써 얼마나 큰 구원을 이루셨는가! 이 모든 것을, 아니 그 이상을, 그리스도는 그분의 죽음으로 사셨다. 그러므로 십자가에 달리신 그리스도는 정직하고 영원한 모든 기쁨의 기초이시다. 이 기쁨을 누리기 위해 자신을 기만할 필요는 없다. 사실 이 기쁨을 온전히 누리기 위해서는 모든 기만을 버려야 한다.

그리스도가 모든 고난을 견디신 것은 기쁨의 맛과 소망 때문이었다

그리스도는 그분의 영혼 안에서 기쁨과 십자가를 친히 연결하셨다. 히브리서 12:2은 "그는 그 앞에 있는 기쁨을 위하여 십자가를 참으사 부끄러움을 개의치 아니하시더니"라고 말한다. 그러므로 그리스도가 마지막 고난을 이기실 수 있었던 것은 아버지와 함께 나눌 흔들릴 수 없는 기쁨의 소망 때문이었다. 그리스도는 그분이 창조 전에 아버지와 함께 나누었던 기쁨을 경험을 통해 알고 계셨다. 그분은 죽으시기 전날 밤 이렇게 기도하셨다. "아버지여 창세 전에 내가 아버지와 함께 가졌던 영화로써 지금도 아버지와 함께 나를 영화롭게 하옵소서"(요 17:5).

그러나 예수님은 또한 이것이 아버지께 대한 자신의 순

종에 달려 있다는 것도 알고 계셨다. 예수님은 자발적인 죽음을 통해 구원의 큰 역사를 완성하셔야 했다. 바울은 예수님이 "죽기까지 복종하셨으니 곧 십자가에 죽으심이라. 이러므로 하나님이 그를 지극히 높여 모든 이름 위에 뛰어난 이름을 주셨다"라고 했다(빌 2:8-9). "이러므로"라는 단어는 하나님이 그리스도를 높이시고 그분이 창조 전에 아버지와 함께 가졌던 영광을 그분에게 주신 것은 그분이 죽기까지 순종하셨기 때문이라는 것을 의미한다. 그분은 죄인들을 구원하러 오셨다. 값이 지불되었을 때, 구원 사역은 결정적으로 완성되었다. 그분은 "다 이루었다"라고 외치셨다(요 19:30). 그리고 하나님은 그분에게 큰 영광으로 보답하셨다.

그리스도는 그분과 우리의 기쁨을 위해 죽으셨다

그러므로 어떤 의미에서 그리스도는 그분의 영원한 삶과 기쁨을 위해 죽으셨다. 그분은 전혀 죄를 짓지 않으셨으며 따라서 죄책으로부터 구원받으실 필요도 없었다. 그분은 아무 죄도 짓지 않으셨다. 그러나 아버지께서는 죽음을 향해 그분을 보내셨으며, 따라서 죽지 않는 것은 불순종이었을 것이다. 그리스도가 하나님께 불순종했다면, 그분의 영원한 삶뿐 아니라 우리의 영원한 삶도 성취되지 않았을 것이다. 그러므로 예수님의 죽음은 그분이 아버지와 함께하는 영광의 자리를 되찾고 자신의 영원한 기쁨에 완전히 들어가는 수단이었다. 그분의 기쁨은 순종적인 죽음이라는 피로 산 것이었다.

이것이 우리에게 중요한 이유는, 예수님은 그분의 기쁨이 우리의 기쁨이 되도록 계획해 놓으셨기 때문이다. 예수님은 요한복음 15:11에서 이렇게 말씀하셨다. "내가 이것을 너희에게 이름은 내 기쁨이 너희 안에 있어 너희 기쁨을 충만하게 하려 함이라." 예수님이 순종적인 죽음이라는 값을 주고 자신의 기쁨을 사셨을 때 우리의 기쁨도 사셨다. 예수님은 다시 요한복음 17:13에서 이렇게 말씀하셨다. "지금 내가 아버지께로 가오니 내가 세상에서 이 말을 하옵는 것은 그들로 내 기쁨을 그들 안에 충만히 가지게 하려 함이니이다." 예수님이 우리를 위해 죽으신 것은 그분이 아버지 앞에서 누리실 바로 그 기쁨을 우리도 누리게 하기 위해서였다.

달란트 비유에서, 주인이신 예수님은 충성스러운 종에게 "잘하였도다. 착하고 충성된 종아.…네 주인의 즐거움에 참여할지어다"라고 말씀하신다(마 25:23). 일단 즐거움은 그분의 것이다. 그 후에 그분은 우리를 그 즐거움에 초대하신다. 예수님이 세상에 계시는 동안 고난을 견디신 것은 자신의 기쁨이 곧 충만해지리라는 흔들리지 않는 확신 때문이었다. 예수님은 순종을 통해 자신과 우리를 위한 영원한 기쁨을 획득하셨다.

그분의 기쁨과 우리 기쁨의 충만함은 그분의 영광에서 흘러나온다

그리스도가 죽음을 통해 얻고 우리에게 주려 하신 기쁨은 하나님의 영광을 기뻐하는 기쁨이었다. 우리가 이것을 아는 것은, 그리스도가 자신의 기쁨이 제자들 속에 충만하기를 기도하신 후에(요 17:13), "아버지여, 내게 주신 자도 나 있는 곳에 나와 함께 있어 아버지께서…내게 주신 나의 영광을 그들로 보게 하시기를 원하옵나이다"라고 기도하셨기 때문이다(24절). 예수님의 순종 때문에, 하나님은 하나님이자 인간이신 예수님을 그분의 우편까지 높이셨고, 그분을 하나님이자 구원자로—승리의 사자요 죽임당한 어린양으로, 전능한 주요 순종하는 종으로—선포하셨다. 이렇게 해서 그리스도는 태초부터 하나님과 공유하셨던 신적인 영광을 완전히 회복하셨다. 그러나 그 영광은 이제 그분이 보이신 구속적 순종과 죽음을 통해 더 완전히 나타났다. 아버지로부터 오는 이 영광이 예수님의 기쁨의 궁극적인 근거였다.

예수님은 우리가 그분과 함께 있어 이 영광을 보게 해 달라고 기도하셨다. 이것은 우리가 "주인의 즐거움에 참여하는" 것을 의미할 것이다. 그리고 우리의 기쁨이 그분의 기쁨 가운데 충만해지는 것을 의미할 것이다. 그리스도가 십자가에서 죽으신 목적과 그 죽음을 통해 이루신 것은 영원하고 끊임없이 커지는[1] 기쁨, 곧 그리스도의 백성이 그분의 영광을 보고 맛볼 때 누리는 기쁨이다. 예수님은 우리에게 바로 이것을 얻어 주시려고 우리가 아직 죄인 되었을 때에 죽으셨다. 그러므로 자격이 없는 사람들의 기쁨에서 가장 본질적인 것은 예수 그리스도의 십자가다.

복음: 기쁨을 위한 싸움의 중심

그러므로 우리는 기쁨을 위한 싸움에서 이 진리를 깨닫고 자신에게 전해야 한다. 십자가에서 죽으시고 부활하신 그리스도의 복음을 영혼에 전해야 한다. 매주 공동 예배에서 이 복음을 들어야 할 뿐 아니라 기쁨을 위한 일상의 싸움 속에서 자신에게 이 복음을 전해야 한다. 십자가의 메시지는 기쁨을 위한 싸움의 중심이며, 이 싸움에서 특별한 위치를 차지한다. 바울은 "내게는 우리 주 예수 그리스도의 십자가 외에 결코 자랑할 것이 없으니"(갈 6:14), " 내가 너희 중에서 예수 그리스도와 그가 십자가에 못 박히신 것 외에는 아무 것도 알지 아니하기로 작정하였음이라"라고 말하면서(고전 2:2) 복음을 그 무엇과도 비교할 수 없는 특별한 위치에 둔다.

정말 강렬한 외침이다. 십자가 외에는 아무것도 자랑하지 않겠다! 그리스도와 그분의 십자가 외에는 아무것도 알지 않겠다! 우리는 좋은 것을 자랑할 때마다, 만약 십자가가 없으면 우리가 지옥에 갈 뿐 그 좋은 것도 의미가 없음을 반드시 자랑해야 한다. 우리는 어떤 것을 알 때마다 그 지식이 십자가에 죽으신 그리스도와 관계가 없다면 바른 지식이 아님을 반드시 알아야 한다.

신자들도 십자가 설교를 들어야 하는가?

그러므로 십자가는 기쁨을 위한 싸움의 중심이어야 한다. 우리는 주일에 십자가 설교를 들어야 할 뿐 아니라 매일 자신에게 십자가를 전해야 한다. 함께 십자가 설교를 듣는 것을 게을리하지 말라. 내가 설교라는 말을 강조하는 것은 십자가의 말씀―그리고 십자가와 관련된 모든 것―을 단지 가르치거나 논하는 데 그치지 않고 전파하는 것이 하나님의 계획이라고 믿기 때문이다.

진정한 설교를 거의 경험하지 못해서 십자가 설교가 그다지 큰 의미로 다가오지 않는 사람들이 있을 것이다. J. I. 패커(Packer)는 스물두 살이던 1948-1949년 학기에 웨스트민스터 채플에서 마틴 로이드 존스(Martyn Lloyd-Jones)의 설교를 듣기 전까지는 자신도 그러했다고 말한다. 패커는 로이드 존스의 설교를 주일 저녁마다 들었다. 그는 "그런 설교는 전혀 들어본 적이 없다"라고 했다. 로이드 존스의 설교는 "감전과 같은 충격으로 다가왔으며, 그의 청중 가운데 적어도 한 명은 그 누구보다 하나님을 깊이 느꼈다." 패커는 바로 로이드 존스의 설교를 통해 "하나님의 위대함과 영혼의 위대함"을 배웠다고 했다. 그는 또한 이렇게 말했다. "마틴 로이드 존스 목사님의 설교를 듣는 것은 마치 피아노 솔로 연주 뒤에 오케스트라의 연주를 듣는 것과 같았다."[2]

내 말은 매주일 예배마다 마틴 로이드 존스와 같은 사람을 찾아 설교를 들어야 한다는 뜻이 아니다. 로이드 존스는 한 사람뿐이다. 중요한 것은 사람이 아니다. 중요한 것은 깊이와 열심 그리고 영광의 무게를 느끼는 감각이다. 중요한 것은 성경 말씀이 선포되고(단지 논의되거나 분석되는 게 아니라) 하나님의 아름다운 진리에 대한 깊은 환희가 일어날 때 가슴으로 느끼는 엄숙함이다.

바울이 디모데에게 "말씀을 전파하라"(딤후 4:2)라고 할 때, 두 가지 면에서 전체 예배에서 선포되는 말씀에 귀를 기울이라고 독려하는 것 같다. 하나는 이 구절의 문맥이 일차적으로 불신자에 대한 전도가 아니라 "의로 교육받는"(딤후

3:16) 교회와 관련이 있다는 것이다. 바꾸어 말하자면, 바울이 말하려는 것은 "신자들에게 말씀을 전파하라"라는 것이다. 다른 하나는, "전파하라"로 번역된 단어(헬라어, 케룩손)는 "포고하다"(herald)라는 뜻이라는 점이다. 이것은 라디오나 텔레비전이나 인쇄 매체가 없던 시절에 정부 관리들을 대신해서 공식적으로 발표하는 사람이 하는 일이었다. 이러한 종류의 연설에는 환희와 진지함이 있었다. 이것은 예배의 한 부분이다. 성령의 능력 가운데 이루어질 때, 이것은 예배다. 이것은 해석을 통한 환희다. 설교자는 자신이 선포하는 말씀으로 예배한다. 여기에는 성령이 주시는 진리가 있으며, 성령이 주시는 열정이 있다. 이것이 하나님의 백성에게 미치는 영향은, 다른 방법으로는 깨달을 수 없는 그리스도 안에 있는 기쁨의 여러 면을 깨닫게 한다는 것이다.

참나무 의자와 하얀 강단, 멋진 조명을 갖춘 예배당을 머릿속에 그리지 말라. 카펫이 깔려 있고 그 위에 의자들이 놓여 있으며 키보드까지 갖춘 다목적 홀을 머릿속에 그리지 말라. 양철 지붕에 흙벽돌로 된 공간이나 횃불이 켜진 동굴이나 벽도 없이 풀로 지붕만 얹은 공간이나 모든 가구를 들어낸 거실이나 나무 아래 풀밭을 그려 보라. 수천 명의 청중과 최고의 음향 시스템을 그리지 말라. 8명이나 20명 혹은 40명 정도 모여 예배하는 광경을 그리라. 적은 인원이 모인 작은 공간에서도 설교는 이루어질 수 있다. 설교자의 목소리는 다르겠지만 열정과 진지함과 해석을 통한 환희 같은 본질적인 것들은 여기에도 있을 수 있다. 이것들은 마땅히 있어야 한다. 겨우 10여 명의 성도들을 향한 것이라 하더라도, 반드시 선포되어야 하는 그 십자가의 말씀은 그 무엇과도 비교할 수 없는 복된 소식이다.

진정한 설교를 들을 수 없다면 어떻게 해야 하는가?

당연히 이런 의문이 들 것이다. 내가 사는 지역에서 이런 예배를 찾을 수 없다면 기쁨을 위한 싸움에서 어떻게 이 무기를 활용해야 하는가? 설교자들이 성경을 믿지 않는다면 어떻게 해야 하는가? 설교자들이 십자가의 말씀을 전하지 않고 인간의 경험만 전한다면 어떻게 해야 하는가? 모든 무게와 진지함이 사라지고 인도자들이 청중을 웃기는 데만 열중한다면 어떻게 해야 하는가? 집 밖으로 나갈 수 없어 예배에 참석할 수 없다면 어떻게 해야 하는가? 이에 대한 내 대답은, 십자가 설교를 듣는 것이 당신의 화살집에 있는 유일한 화살이라는 뜻이 아님을 유념하라는 것이다. 어쨌든 십자가 설교는 좋은 것이다. 십자가 설교는 중요하다. 하나님이 교회를 두신 목적 가운데 하나는 십자가를 전하는 것이다. 오랫동안 십자가 설교를 듣지 못하면 우리 삶은 큰 곤란에 처한다.

그러나 하나님은 자비로우시며, 우리가 십자가를 전하는 교회를 찾지 못할 때 우리의 필요를 채우실 수 있다. 하나님은 말씀 묵상 가운데서, 그리고 가정 예배 가운데서 당신을 찾아오실 것이다. 하나님은 설교자로 부름받거나 설교의 은사가 있는 사람이 없더라도 단지 말씀을 나누고 적용하는 소그룹 모임 가운데서도 당신을 찾아오실 것이다. 하나님은 라디오 설교나 텔레비전 설교, 인터넷 설교나 설교 테이프나 CD를 통해서 당신을 찾아오실 것이다. 이런 것들은 함께 드리는 예배에서 실제 음성을 듣는 것과는 다르다. 그러나 이것들은 유익하며, 하나님은 이것들을 통해서도 자신을 강력하게 나타내실 수 있다.

그럼에도 불구하고, 십자가가 선포되는 예배에 참여하는 것이 그리스도인에게는 성경적인 목적이요 규범이다. 하나님이 이러한 예배를 두신 것은 우리의 기쁨을 위해서다. 하나님의 말씀을 연구하거나 묵상하는 것, 말씀을 토론하는 것은 유익하다. 말씀을 분석하고 설명하는 것은 좋은 일이다. 그러나 설교도 좋은 것이며, 하나님은 우리에게 십자가의 메시지가 경건한 설교자의 가슴에 밀려들고 환희 가운데서 예배자들의 머리와 가슴으로 흘러넘칠 때 주어지는 축복을 누리라고 요구하신다. 선포되는 복음을 정기적으로 듣지 못할 때, 우리는 기쁨을 위한 싸움에서 무기 하나를 잃어버린다. 물론 하나님은 다른 방법으로 보충해 주실 수 있다. 그러나 설교는 하나님이 교회에 주시는 귀중한 선물 가운데 하나다. "십자가"를 높일 때, 설교는 "구원을 받는 우리에게는 하나님의 능력"이다(고전 1:18).

떡과 잔으로써 기쁨을 위해 싸우라

하나님의 백성과 더불어 주의 만찬을 나누는 것도 일종의 설교이며 그리스도의 백성을 기쁘게 하기 위한 것이라는 사실을 간과하지 말라. "너희가 이 떡을 먹으며 이 잔을 마실 때마다, 주의 죽으심을 그가 오실 때까지 전하는 것이니라"(고전 11:26). 그리스도의 죽음과 부활이 성찬을 나누고 먹는 행위에서 선포되고 있다. 이러한 선포는 우리가 떡과 잔으로 영양을 공급받는 수단이다.

그리스도는 우리가 떡을 떼고 잔을 마실 때 십자가의 유익을 영적으로 누리게 하셨다. "우리가 축복하는 바 축복의 잔은 그리스도의 피에 참여함이 아니며 우리가 떼는 떡은 그리스도의 몸에 참여함이 아니냐"(고전 10:16). 우리는 그리스도가 죽으실 때 그분의 피와 몸이 우리를 위해 성취하신 것을 누림으로써, 특히 죄 용서와 의의 선물과, 그리스도는 물론 그분의 아버지와의 무한한 사귐을 누림으로써 잔과 떡에 참여한다. 성찬에 정기적으로 참여하는 것이 기쁨을 위한 싸움에서 큰 무기가 되는 것도 바로 이 때문이다.

기쁨을 위한 설교와 하나님의 영광을 위한 설교

십자가를 전하는 것은 우리의 기쁨을 위한 것이다. 왜냐하면 그것은 하나님의 영광을 위해 계획된 것이기 때문이다. 조나단 에드워즈는 하나님의 영광을 위한 설교가 기쁨을 위한 싸움에서의 설교와 큰 관계가 있다는 것을 누구보다도 분명하게 알았다. 그의 큰 통찰 가운데 하나는 "하나님은 우리가 그분의 영광을 볼 때뿐 아니라 그 영광 가운데 기뻐할 때 영광을 받으신다"는 것이었다.[3] 그러므로 그는 하나님의 영광 가운데 기뻐하는 것이 설교의 목적이어야 한다고 결론내렸다. 그래서 그는 자신의 설교를 이렇게 묘사했다. "나는 청중이 무엇보다 진리에 감동되고, 그들이 감동을 느끼는 대상의 본질과 모순되지 않은 감동을 느끼는 한에서, 최선을 다해 그들 안에 감동을 일으키는 것이 내 의무라고 생각한다."[4] 진리와 감동 그리고 교리와 기쁨은 모두 필수적이다. 십자가가 이렇게 선포될 때, 하나님의 백성에게 있는 무미함은 큰 타격을 입을 것이다. 이것은 하나님의 영광을 위한 타격이다.

자신에게 복음을 전하라

그러나 이제 앞에서 말했던 또 다른 설교로 돌아가야 한다. 우리는 설교를 들어야 할 뿐 아니라 설교자가 되어 매일 자신에게 십자가를 전해야 한다. 우리는 설교를 듣는 데 그쳐서는 안 되며, 자신의 영혼에게 훌륭한 설교자가 되어야 한다. 우리가 자신에게 복음을 전파한다면, 복음은 우리를 최종적 구원으로 기쁘게 인도하는 하나님의 능력이 된다. 마틴 로이드 존스는 이 진리를 강조했다. 그는 1943년부터 1968년까지 런던의 웨스트민스터 채플을 담임하면서 수많은 메시지를 전했는데, 1964년에 그 메시지를 모아 출판한 「영적 침체와 치유」(*Spiritual Depression*, 기독교문서선교회)는 가장 유익한 저서 가운데 하나다. 내가 적극 추천하는 이 책에서, 그는 자신의 확신을 이렇게 표현한다.

> 우리 시대에 가장 필요한 것은 기쁨이 넘치고 부흥하는 교회입니다.…우리를 보는 사람들이 그리스도인은 불행하고 슬프며 우울하고, '기쁨을 경멸하고 하루 하루 고되게 살아가는'

사람이라는 인상을 갖지 않게 하는 것보다 중요한 것은 없습니다.…그리스도인은 항상 우울해 보이고 불행하고 자유와 기쁨이 없어 보일 때가 너무나 많습니다. 이것이 많은 사람들이 기독교에 더 이상 관심을 갖지 않는 주된 이유라는 데는 의심의 여지가 없습니다.[5)]

이 책은 시편 42편, 그 중에서도 특히 5절에 대한 상세한 주해다. "내 영혼아 네가 어찌하여 낙심하며 어찌하여 내 속에서 불안해 하는가. 너는 하나님께 소망을 두라. 그가 나타나 도우심으로 말미암아 내가 여전히 찬송하리로다" 그가 이 구절에서 본 많은 것들 가운데 하나는 시편 기자가 자신에게 설교를 하고 있다는 것이다. 그는 이것을 우리에게 적용한다.

여러분 대부분의 삶이 불행한 것은 여러분이 자신에게 말하는 대신 자신의 말을 듣고 있기 때문이라는 것을 아십니까? 아침에 일어날 때 드는 생각들을 예로 들어 봅시다. 여러분이 그런 생각들을 해 낸 것이 아니고 그 생각들이 여러분에게 말을 하고 있으며, 어제의 문제들을 끄집어 내고 있습니다. 누군가 말을 하고 있습니다. 그는 누구입니까? 바로 여러분의 자아입니다. [시 42편에서] 시인은 어떻게 합니까? 그는 자아가 자신에게 말하도록 하는 대신에 자신이 직접 자아에게 말하기 시작합니다. 그는 "내 영혼아, 네가 어찌하여 낙망하느냐?"라고 묻습니다. 지금까지 그의 영혼이 그를 낙심시키고, 그를 무너뜨리고 있었습니다. 그래서 그는 일어나 말합니다. "내 자아야, 잠시만 들어라. 내가 네게 말하겠다."[6]

패배주의에 굴복하지 말고 자신에게 도전하라

이것은 심오한 교훈이다. 기쁨을 위한 싸움에서 수동적인 자세를 취하는 그리스도인들이 매우 많다. 이들은 내게 자신들에게는 기쁨이 없다고 말한다. 나는 이들에게 도대체 원수를 물리치기 위해 어떤 전략을 사용했느냐고 묻는다. 그 대답은 이들이 무기력한 희생자라는 인상을 준다. "기쁨이 없어요. 제가 뭘 할 수 있겠어요?" 하나님은 우리가 수동적이기를 원치 않으신다. 그분은 우리가 믿음의 싸움을, 기뿜을 위한 싸움을 싸우기를 원하신다. 이 싸움의 주된 전략은 자신에게 복음을 전하는 것이다. 이것은 전쟁이다. 사탄은 확실하게 전하고 있다. 우리가 수동적인 자세를 버리지 않는다면 싸움터에서 그에게 항복하는 것이다.

그래서 로이드 존스는 구체적이고도 완강하게 말한다.

영적인 삶에서 중요한 기술은 어떻게 자신을 다루어야 하는지 아는 것입니다. 여러분은 자신을 제어하고, 자신을 다루며, 자신에게 설교하고, 자신에게 물어야 합니다.…여러분은 자신을 자극하고, 자신을 비판하며, 자신을 꾸짖고, 자신을 권고하며, 자신에게 말해야 합니다. "너는 하나님을 바라라." 낙망하여 투덜거리고 불행해하는 대신에 여러분 자신에게 하나님을, 하나님이 누구신지를…그분이 무엇을 하셨는지를, 그분이 무엇을 하시겠다고 약속하셨는지를 상기시켜야 합니다. 그렇게 한 후에는 마지막으로 여러분 자신과, 다른 사람들에게, 마귀와 온 세상에게도 전하면서 이 시편 기자처럼 말하십시오. "그 얼굴의 도우심으로 말미암아 내가 오히려 찬송하리로다."[7)]

십자가 설교("그리스도의 영광의 복음")는 "하나님이 누구시며", "하나님이 무엇을 하셨으며", "하나님이 무엇을 하시겠다고 약속하셨는지"에 관한 진리를 알 수 있는 주된 근원이다. 이들은 절망을 강력하게 파괴한다. 이것들 모두가 복음 안에 있다. 결국 우리의 삶에서 기쁨의 살해자들을 죽일 수 있는 것은 그리스도의 십자가뿐이다.

물론, 우리의 머리에 말하는 것은 "자아"만이 아니다. 마귀도 그렇게 하며, 다른 사람들의 말을 기억 속에서 상기할 때 그들도 우리에게 말한다. 그러므로 로이드 존스는 우리 자신에게 설교하라고 말할 때 우리가 기쁨을 죽이는 이 모든 메시지를 반드시 해결해야 한다는 것을 알고 있었다. 그가 자기 자신과 마귀에게, 다른 사람들에게 도전하라고 말하는 것도 바로 이 때문이다. 우리는 자신에게 복음을 전할 때 온갖 원수의 온갖 말들을 다루고 있는 것이다.

칭의 교리와 기쁨을 위한 싸움

이제 숱한 어두운 시절을 헤쳐 나오도록 나를 도와 준 설교

가운데 좋은 예를 살펴보기로 하겠다. 나는 이런 설교를 뜻하지 않은 곳에서 접했다. 미가 예언자는 그리스도가 오시기 700년 전에 하나님의 말씀을 전했으며 성경에서 오직 믿음으로 의롭다 함을 얻는다는 위대한 진리를 가장 실제적으로 적용한 사람 가운데 하나다. 이신칭의는 복음의 중심이고 십자가의 본질이다. 그러므로 미가가 암울하고 비극적인 상황에서 이신칭의 교리를 어떻게 적용했는지 살펴보기 전에 칭의가 무엇인지 명확히 하고 그런 후에 다시 미가를 살펴보기로 하겠다.

칭의 교리는 우리와 하나님의 분리에 대한 해결책은 먼저 법적인 것이고, 그런 후에야 도덕적인 것이라고 말한다. 첫째, 우리는 죄에 대한 책임을 법적으로 해결받아야 하며 자신에게 없는 의를 빌려와야 한다. 다시 말해, 우리는 하나님이 재판관으로 앉아 계시며 우리가 그분의 법에 따라 유죄 판결을 받고 서 있는 천국의 법정에서 의롭다고 선언되어야 한다. 이것이 의롭게 하다(justify)라는 단어가 의미하는 것이다. 의롭게 만드는 것이 아니라 의롭다고 선언하는 것이다. 사람들이 "하나님을 의롭다 하되"라고 말하는 누가복음 7:29에서 이것을 확인할 수 있다. 다시 말해, 사람들은 하나님이 의롭다고 선언했다. 사람들이 하나님을 의롭게 만든 게 아니었다. 차이라면 우리는 죄인이며 우리에게는 자신의 의가 없다는 것이다. 우리는 의가 있어야 하지만 없다. 우리가 유죄이며 영원한 형벌을 받아야 하는 것도 바로 이 때문이다.

우리를 구원하는 길을 내려고, 하나님은 그리스도를 보내어 완전한 신인(神人)의 삶을 살고 순종적인 죽음을 맞게 하셨다. 이렇게 해서 그리스도는 우리 죄를 대신하여 형벌을 받으셨을 뿐 아니라(마 26:28; 고전 15:3; 벧전 3:18) 우리를 대신하여 의를 이루셨다(롬 5:19; 10:4; 고후 5:21; 빌 3:9). 그러므로 하나님의 법정에서, 죄에 대한 나의 책임은 그리스도의 피로 제거되었고["우리는 그리스도 안에서 그의 은혜의 풍성함을 따라 그의 피로 말미암아 속량 곧 죄 사함을 받았느니라"(엡 1:7)], 나는 그리스도의 순종을 통해 천국에 들어갈 자격을 얻었다["한 사람이 순종하심으로 많은 사람이 의인이 되리라"(롬 5:19)]. 나는 의롭다고 선언되었다. 죄의 형벌로부터 자유롭게 되어 이제 천국에 들어갈 자격이 있다고 선포되었다. 이것이 우리가 칭의라고 할 때 의미하는 것이다.

'오직 믿음으로 의롭다 함을 얻는다'는 것을 아는 기쁨

칭의에서 가장 기쁘고 영광스러운 사실은 율법의 행위와는 상관없이 오직 믿음으로 의롭다 함을 얻는다는 것이다. 바울은 이렇게 말했다. "사람이 의롭다 하심을 얻는 것은 율법의 행위에 있지 않고 믿음으로 되는 줄 우리가 인정하노라"(롬 3:28). 그런 후에 그는 죄인들이 하나님과의 바른 관계를 회복하려고 사용하는 두 가지 방법을 대비시킨다. 하나는 하나님께 받아들여질 만한 행위를 하는 것이다. 다른 하나는 단순히 귀중한 선물로 받아들이는 자들에게 완전히 공짜로 주어지는 은혜의 행위를 의지하는 것이다. "일하는 자에게는 그 삯이 은혜로 여겨지지 아니하고 보수로 여겨지거니와 일을 아니할지라도 경건하지 아니한 자를 의롭다 하시는 이를 믿는 자에게는 그의 믿음을 의로 여기시나니"(롬 4:4-5).

"경건하지 아니한 자", 즉 자신이 침몰해 가는 타이타닉호를 타고 있다는 것을 아는 사람들에게 세상에서 가장 좋은 소식은 하나님이 그리스도 때문에, 오직 믿음으로 이들을 의롭게 여기시리라는 것이다. 십자가 기쁨의 큰 기초가

되는 사실은 칭의는 오직 은혜에 의해(우리의 공로와 혼합되지 않은), 오직 믿음을 통해(우리의 행위와 혼합되지 않은), 오직 그리스도의 토대 위에서(그분의 의와 우리 의를 섞지 않은), 오직 하나님의 영광을 위해(우리의 영광이 아니라) 이루어진다는 것이다.

칭의와 성화를 혼동할 때 기쁨이 사라진다

하나님은 오직 이러한 용서와 의롭다는 선포를 토대로, 우리를 도덕적으로 그리고 점진적으로 그분 아들의 형상으로 바꾸시려고 성령을 주신다. 이러한 점진적인 변화가 칭의는 아니다. 그러나 그것은 칭의를 토대로 이루어진다. 우리는 이러한 변화를 가리켜 성화(聖化)라고 한다. "그러나 이제는 너희가 죄로부터 해방되고 하나님께 종이 되어 거룩함에 이르는 열매를 맺었으니 그 마지막은 영생이라"(롬 6:22). 먼저 법적인 문제가 해결되어야 한다. 천국의 법정에서, 경건하지 못한 죄인이 오직 믿음으로 의롭다고 선언된다! 그리스도의 의가 그에게 전가된다. 하나님이 그를 받으실 때 그에게 자신의 의라고는 하나도 없다(빌 3:9). 받아들여지는 것은 그의 믿음뿐이다. 물론 아직 사랑스러운 존재가 되지는 못했다. 그리스도의 충성스러운 사랑의 삶, 곧 하나님의 법을 완전히 성취한 삶이 경건치 못한 자에게 전가된다. 이것이 칭의다. 이렇게 해서 법적인 문제가 먼저 해결된다.

법적인 문제가—그것도 눈 깜짝할 사이에—해결되고 나면 도덕적 진보(성화)가 이루어진다. 칭의와 성화 둘 다 선물이며, 둘 다 그리스도의 피로 산 것이다. 둘은 분리될 수는 없지만 서로 다르다. 둘 다 오직 믿음으로 이루어진다. 칭의가 오직 믿음으로 이루어지는 것은 오직 믿음으로 경건치 못한 자가 의롭다고 선언되기 때문이다. 성화가 오직 믿음으로 이루어지는 것은 오직 믿음으로 사랑의 열매를 맺는 능력을 얻기 때문이다. 기쁨을 위한 싸움에서 칭의와 성화를 혼동하거나 섞지 않는 것이 아주 중요하다. 이 둘을 혼동하면, 결국 복음이 훼손되고 믿음에 의한 칭의가 행위에 의한 칭의로 바뀌게 된다. 이런 일이 일어나면, 기쁨을 위한 싸움에서 놀라운 복음의 무기를 잃게 된다.

진정한 자신이 되라

성경은 우리의 행위를 그리스도 안에서 우리의 위치와 연결해서 말하는데, 그 방식 가운데 하나는 우리에게 진정한 자신이 되라고 명령하는 것이다. 예를 들면, 바울은 구약의 의식과 관련된 용어를 사용하면서 "너희는 누룩 없는 자인데 새 덩어리가 되기 위하여 묵은 누룩을 내버리라"라고 말한다(고전 5:7). 바꾸어 말하자면, 진정한 자신이 되라고 말한다. 너희는 누룩 없는(그리스도 안에서 죄 없는) 자이다. 그러므로 누룩 없는(행위에서 죄 없는) 자가 되어라.

세상에서 전혀 죄를 짓지 않고 살 수는 없다. 그러나 우리는 이를 위해 한 걸음씩 나아간다. 바울은 이런 사실을 분명히 한다. "내가 이미 얻었다 함도 아니요 온전히 이루었다 함도 아니라. 오직 내가 그리스도 예수께 잡힌 바 된 그것을 잡으려고 달려가노라"(빌 3:12). "내 자신이 마음으로는 하나님의 법을, 육신으로는 죄의 법을 섬기노라"(롬 7:25). 그러나 원칙은 분명하다. 기쁨을 위해 싸우라. 당신과 하나님이 하나가 될 수 있는 일들을 하는 것이 아니라, 이미 그리스도 안에서 하나님과 하나인 진정한 자신이 됨으로써 싸우라. 진정한 자신이 되라.

우리가 오직 믿음을 통해 은혜로 의롭다 함을 얻는 것은 우리가 그리스도와 연합하고 그분의 의가 우리의 의로 여겨지기 때문이다. 이러한 그리스도와의 연합 때문에, 우리는 이미 죽었다가 살아났으며, 거룩한 존재이자 빛이 되었다. 죄와의 싸움에서 큰 기쁨을 얻는 비결은 그리스도 안에서 진정한 자신이 되려고 싸우는 것이다. 당신은 이미 그리스도와 함께 죽었다(롬 6:5-6). 그러므로 "너희 자신을 죄에 대하여는 죽은 자요, 그리스도 예수 안에서 하나님께 대하여는 살아 있는 자로 여길지어다"(롬 6:11). 당신은 이미 그리스도와 함께 살아났다(엡 2:5). 그러므로 "위의 것을 찾으라"(골 3:1). 당신은 이미 그리스도 안에서 거룩하다(골 3:12). 그러므로 "모든 행실에 거룩한 자가 되라"(벧전 1:15). 당신은 이미 그리스도 안에서 세상의 빛이다(마 5:14). 그러므로 "너희 빛이 사람 앞에 비치게 하라"(마 5:16).

이 모든 것은 의롭다 함을 얻은 죄인으로 살라고 말하는 또 다른 방식이다. 삶에서 죄와 타협하지 말라. 죄와 타협하고 죄를 오랜 동역자로 받아들인다면, 이것은 당신이 그리스도와 연합하지 못했다는 뜻이다. 우리가 그리스도와 연합할 때 두 가지가 일어난다. 그분의 의가 우리에게 전가되며, 이 때문에 진정한 자신이 되려는 새로운 자극이 주어진다. 기쁨을 위한 싸움에서 놀라운 복음의 무기는 우리가 그리스도 안에서 오직 믿음으로 의롭다고 여김을 받는다는 확고한 진리다. 이렇게 우리에게 의가 전가되는 것은 우리의 행위 때문이 아니라 그분의 행위 때문이다. 그런 다음 우리는 행위를 통해, 그분 안에서 그분 때문에 변화된 진정한 자신이 되어 간다.

복음의 무기는 칭의가 우리의 행위와는 무관하다는 기본적인 진리를 확고히 견지하는 만큼만 힘을 발휘한다. 하나님이 우리를 받아들이시는 것은 우리의 의가 아니라 그리스도의 의 때문이다. 우리의 점진적인 성화―아주 느리지만 그리스도를 닮아 가는 것―는 분명히 중요하다. 이것은 우리 믿음의 진정성에 대한 필수적인 증거다.[8] 그러나 우리 자신이 불완전하다는 절망스러운 어둠 속에서 우리에게 완전한 의―즉 그리스도의 의―가 있음을 확신할 때 모든 것이 완전히 달라진다.

존 번연: "이제 나도 기뻐하며 집으로 돌아갔다"

이것은 존 번연의 경험이다. 그는 칭의 교리를—우리의 것이 아닌 그리스도의 것으로 우리에게 전가된, 완전하고 객관적인 외부의 의가 있다는 사실을—기뻐하도록 독려하기 위해 자신의 이야기를 들려준다. 성경 다음으로 많이 팔린 「천로역정」의 저자인 번연은 17세기의 목회자였으나 십자가 설교를 중단하기를 거부했다는 이유로 12년을 감옥에서 보냈다. 가장 위대한 청교도 신학자이자 번연과 동시대 인물인 존 오웬(John Owen)은, 찰스 2세가 그에게 왜 무식한 사상가의 설교를 들으러 가느냐고 물었을 때 이렇게 대답했다. "폐하, 그 사상가처럼 설교할 수만 있다면 제 모든 학식을 기꺼이 포기하겠습니다."[9]

그러나 번연이 항상 그렇게 담대하고 복음의 능력으로 충만했던 것은 아니다. 20대의 번연은 엄청나게 번민하는 사람이었다.

하나님과 그리스도와 성경에 대한 불온한 회의가 참담한 홍

수처럼 내 영혼에 밀어닥쳤고 큰 혼란과 놀라움을 일으켰다.…때로 내 마음은 너무나 강퍅했다. 눈물 한 방울에 1,000파운드를 준다 해도 나는 한 방울의 눈물도 흘릴 수 없었을 것이다.…오, 절망적인 인간의 마음이여.…나는 이러한 악독한 죄를 용서받을 수 없을까 봐 두려웠다.…그 시절의 공포를 나 외에 또 누가 알리요.[10]

그런 후 절망과 무미함을 극복하는 결정적인 순간이 찾아왔다. 그리스도의 의가 전가된다는 놀라운 진리를 깨닫게 된 것이다.

어느 날 들판을 지나고 있을 때…내 영혼에 이런 소리가 들렸다. '네 의는 천국에 있도다.' 그와 동시에, 내 영혼의 눈은 예수 그리스도가 하나님 우편에 계신 것을 보았다. 거기에 의가 있었다. 내가 어디에 있든, 무엇을 하든, 하나님은 나에 대해 말씀하실 수 없었고 나의 의를 찾으실 수 없었다. 의는 바로 그분 앞에 있기 때문이었다. 또한 나의 선한 마음이 내 의를 더 낫게 만드는 것이 아니며 나의 악한 마음이 내 의를 더 나쁘게 만드는 것도 아니라는 것을 깨달았다. "어제나 오늘이나 영원토록 동일하신"(히 13:8) 예수 그리스도 바로 그분이 나의 의이시기 때문이었다. 이제 내 발목에서 사슬이 풀어졌다. 나는 고통과 사슬에서 해방되었다. 나를 유혹하던 것들도 도망쳐 버렸다. 그래서 그 순간부터 그 무서웠던 성경 구절들이 [용서받을 수 없는 죄에 관한] 더 이상 나를 괴롭히지 않았다. 이제 나도 하나님의 은혜와 사랑을 기뻐하며 집으로 돌아갔다.[11]

그는 기뻐하며 집으로 돌아갔다. 이것이 마음의 눈으로 칭의에서 하나님의 은혜의 영광을 볼 때 십자가의 말씀이 낳는 결과다. 들판에서 걸어오던 번연의 기분은, 수도원에서 똑같은 발견을 했던 마르틴 루터와 비슷한 기분이었다. 날이 밝자, 루터는 이렇게 말했다.

나는 하나님의 의는 의인이 하나님의 선물로 살게 하는, 즉 믿음으로 살게 하는 그 무엇이라는 것을 이해하기 시작했다. 이것은 이런 뜻이다. 하나님의 의가 복음에 의해, 다시 말해 자비로운 하나님이 믿음으로 우리를 의롭게 하시는 데 사용하시는 수동적 의에 의해 계시된다.…여기서 나는 내가 완전히 거듭났으며 열린 문을 통해 낙원에 들어갔다는 것을 느꼈다.[12]

미가는 죄를 범한 후 어떻게 기쁨을 위해 싸웠는가?

번연과 루터는 오직 믿음으로 의롭다 함을 얻는다는 진리를 발견했을 때의 기쁨을 묘사한다. 그러나 미가 예언자는 이미 이신칭의 교리를 믿는 사람이 원수(자아든 사탄이든 다른 사람들이든 간에) 앞에서 이것을 어떻게 전할 수 있으며 기쁨을 위해 싸우는 데 어떻게 활용할 수 있는지 보여 준다. 이제 내가 앞에서 약속했던 미가의 예를 살펴보도록 하자. 그는 칭의 교리를 구약의 형태로 알았을 뿐이지만, 그렇다고 하더라도 그의 적용은 우리가 이것을 자신에게나 수많은 절망으로 우리의 기쁨을 죽이려는 원수에게 어떻게 선포할 수 있는지 보여 주는 강력한 예다. 다음은 숱한 어둠의 시기에 내게 큰 도움이 되었던 구절이다.

미가는 이렇게 말했다.

나의 대적이여, 나로 말미암아 기뻐하지 말지어다. 나는 엎드러질지라도 일어날 것이요, 어두운 데에 앉을지라도 여호와께서 나의 빛이 되실 것임이로다. 내가 여호와께 범죄하였으니 그의 진노를 당하려니와, 마침내 주께서 나를 위하여 논쟁하시고 심판하시며 주께서 나를 인도하사 광명에 이르게 하시리니 내가 그의 공의를 보리로다(미 7:8-9).

나는 미가의 태도를 당당한 죄책감이라고 부르고 싶다. 그는 한편으로는 실제로 죄를 지은 죄인이었다. 미가는 9절에서 "내가 여호와께 범죄하였으니"라고 단순하게 말한다. 미가는 이것을 알고 있으며 숨기려 하지 않는다. 그는 슬프고 마음이 상했으며 그 무엇도 감추려 하지 않는다. "내가… 그의 진노를 당하려니와." 그러므로 진짜 죄책감이 있을 뿐 아니라 하나님의 분노도 있다. 하나님은 미가가 한 일을 좋아하지 않으신다. 그분은 분노하신다. 미가는 이럴 수는 없다고—하나님은 그분의 자녀에게 화내지 않으신다고—항변하지 않는다. 그는 하나님의 자비를 감성적으로 말함으로써 하나님의 징계를 축소하려 하지도 않는다. 자비가 곧 나타날 것이다.

미가는 부끄러워하며 하나님의 진노를 받아들인다. "[내가] 어두운 데 앉을지라도" 그는 손으로 입을 가리고 자기 위에 드리운 슬픔과 검은 그림자를 받아들인다. 여기에 임기응변 같은 것은 없다. 그리스도인의 삶에는 이와 같은 순간들이 많다. 우리가 이러한 순간들을 가볍게 여기거나 하찮게 여기거나 이러한 순간들이 있다는 것 자체를 부정하려는 것은 어리석은 짓이다. 하나님은 거룩하시며 자신이 사랑하시는 자녀들을 징계하신다. 이것은 더 이상 심판자의 진노가 아니라 아버지의 진노다(히 12:5-11).

미가는 어떻게 죄책감을 가지고 당당할 수 있었는가?

그러나 놀랍게도, 미가는 하나님의 진노 아래서 회개하고 슬퍼하면서도 원수의 앞에서는 "나의 대적이여, 나로 말미암아 기뻐하지 말지어다. 나는 엎드러질지라도 일어날 것이요"라고 말한다. 원수는 미가의 죄가 그를 하나님에게서 떼어 놓는다고 말하고 있다. 원수는 빈정거리며 거짓말을 하면서 미가의 소망을 꺾으려 하고 있다. 미가는 기쁨을 빼앗으려 하는 대적과 큰 싸움을 벌여야 한다. 그는 이신칭의의 복음을 전하며 전투를 훌륭하게 수행한다. 그는 어떻게 복음의 무기로 기쁨을 위해 싸울 수 있는지 그 예를 보여 준다.

그는 "[내가] 어두운 데에 앉을지라도 여호와께서 나의 빛이 되실 것임이로다"라고 말한다. 기억하라. 이 어둠은 하나님의 징계이며, 하나님은 분노하신다. 미가는 하나님이 주신 어둠 가운데서 "여호와께서 나의 빛이 되실 것임이로다"라고 말한다. 그는 하나님 자신이 주신 어둠 가운데서 하나님의 빛을 의지한다. 이것이 당당함이다. 이것이 우리가 어둠 속에서—설령 그것이 우리의 죄 때문에 우리를 뒤덮는 어둠이라고 하더라도—행하도록 배워야 할 것이다. 그렇다. 나는 실패의 그림자 밑에 있다. 그렇다. 하나님이 노하셔서 나를 이 곳에 두셨다. 그러나 나는 버려진 것이 아니며, 하나님이 나를 대적하고 계신 것도 아니다. 그분은 나의 대적이 아니다. 그분은 내 편이다. 하나님은 그분이 주신 어둠 속에서도 나를 지키실 것이다. 그분은 나를 버리지 않으실 것이다. 그분은 나를 죽이실지라도 나를 구원하실 것이다. 우리는 기쁨을 위한 싸움에서 자신에게 이렇게 전하는 법을 배워야 한다.

그런 후에 더욱 놀랍게도, 미가는 이렇게 말한다. "내가 여호와께 범죄하였으니 그의 진노를 당하려니와, 마침내 주께서 나를 위하여 논쟁하시고 심판하시며 주께서 나를 인도하사 광명에 이르게 하시리니." 미가는 자신의 죄책과 그 죄책의 암울한 결과 속에서, 어둠에는 한계가 정해져 있음을 알고 있다. 하나님이 오실 것이다. "주께서 '나를 위하여… 논쟁하실 것이다." 그분은 그를 심문하는 검사가 아니라 그를 변호하는 변호사가 되실 것이다. 그를 어두운 감옥에 던진 분이 그를 위해 보석금을 내고 법정에서 그를 변호하며 그가 다시 기쁨의 삶을 살도록 그에게 자유를 주실 것이다.

미가는 한 걸음 더 나아가 하나님이 어둠 속에서 그에게 오실 때 그를 위해 "심판하실" 것이라고 말한다. 미가의 원수들은 그가 타락했으며 이것은 하나님이 그와 반대편이라는 뜻이라고 말하고 있다. "예언자 양반, 당연하지 않소? 당신 입으로 당신이 범죄했다고 인정하고 있소. 당신 입으로 하나님이 진노하셨다고 말하고 있소. 당신 입으로 이 어둠과 슬픔이 하나님에게서 왔다고 말하고 있소. 합리적인 설명은 하나뿐이오. 하나님이 당신을 저버리고 심판하고 계시는 거요. 당신은 전에 그분을 아버지라고 불렀을지 모르지만 더 이상은 아니오. 이제 그분은 심판자시란 말이오. 당신은 유죄이며, 심판이 이루어지고 있는 거요. 당신을 거스르는 심판 말이오." 이것이 바로 원수가 하는 말이다.

미가는 이 모든 '합리적인' 비난을(자아나 사탄이나 다른 사람들의 비난을) 거스르면서 이신칭의 교리를 전한다. 그가 그리스도의 십자가 이후 시대를 살았다면 하나님의 자비의 근거를, 다시 말해 예수 그리스도의 의를 분명하게 드러냈을 것이다. 그는 이렇게 말한다. "그렇게 지껄이는 모든 자들이여 조심하라! 나의 하나님이—행위가 아니라 믿음으로 나를 의롭다고 선언하시는 내 언약의 하나님이—나를 위해 이제 곧 심판하실 것이다. 이것은 너희 곧 내 원수들이 심판을 받으리라는 뜻이다. 조심하라. 그리고 솟구치는 나의 소망과 당당한 죄책감에서, 오직 믿음으로 의롭다 함을 얻는다는 가르침을 배우라." 이것을 배우지 못한다면 이생에서 당신의 기쁨은 모두 착각—당신의 배는 침몰할 리 없다는 착각—에

불과할 것이다.

미가의 말은 절망과 어둠이 우리 그리스도인들을 삼키려고 위협할 때 어떻게 자신에게 복음을 전할 수 있는지를 보여 주는 정말 중요한 예다. 미가의 방법, 즉 성경의 방법은 죄의 심각성과 하나님의 징계에 따르는 고통을 부인하려는 미봉책과는 매우 다르다. 하나님이 우리를 이러한 고통의 학교에 보내시는 것이 뻔뻔스러운 죄 때문이라고만 생각해서는 안 된다. 바울은 삶의 모든 재난을, 연단하시는 하나님의 손에서 오는 것으로 받아들였다. 바울은 "[우리가] 힘에 지나도록 심한 고생을 받아 살 소망까지 끊어지고"라고 고백할 수밖에 없던 재난조차도 하나님의 주권적인 손에서 나온 것으로 받아들였다. 그는 이 모든 것에서 하나님의 목적은 선하다고, 다시 말해 "우리로 자기를 의지하지 말고 오직 죽은 자를 다시 살리시는 하나님만 의지하게 하심"이 하나님의 목적이라고 했다(고후 1:8-9).

당당한 죄책감은 값싼 은혜와 반대되는 것이다

생명을 지탱하고 사랑을 유지시키는 기쁨을 위한 싸움에서, 우리는 당당한 죄책감을 가지고 자신에게 전하는 법을 반드시 배워야 한다. 이것은 "값싼 은혜"와는 매우 다르다. 젊은 독일 신학자 디트리히 본회퍼(Dietrich Bonhoeffer)를 기억하는가? 그는 히믈러(Himmler)의 특별 명령으로 1945년 4월 9일 부헨발트 집단 수용소에서 교수형을 당했다. 그가 쓴 작은 책이 하나 있는데, 내가 대학에 다니던 1960년대 말의 급진적인 시대에 많은 사람들이 그 책을 읽었다. 그 책의 제목은 「나를 따르라」(*The Cost of Discipleship*, 대한기독교서회)이다. 나는 대학교 2학년이던 1967년에 1달러 45센트를 주고 이 책을 샀다. 삶을 바칠 만한 가치가 있는 것을 찾던 스물한 살의 젊은이가 그어 놓은 밑줄을 볼 때면, 나는 하나님께 감사한다.

본회퍼가 이 책에서 공격한 것은 미가의 행동과 정반대되는 것이다. 사람들은 미가와 함께 어둠 속으로 들어가 하나님의 질책을 감내하기를 거부한다. 본회퍼는 이러한 거부를 "값싼 은혜"라고 부른다. 그는 값싼 은혜를 다음과 같이 묘사한다. 우리는 기쁨을 위한 싸움과 값싼 은혜를 혼동하지 않도록 그의 말을 들을 필요가 있다. 기쁨을 위한 싸움은 값싼 은혜가 아니다. 그것은 미가의 당당한 죄책감이다. 그것은 실제로 분노하시는 하나님이 주신 어둠 속에서 이신칭의를 전하는 능력이다.

값싼 은혜는 회개가 없는 용서, 교회의 징계가 없는 세례, 죄의 고백이 없는 성찬, 개인적인 고백이 없는 죄사함을 전하는 것이다. 값싼 은혜는 제자의 삶이 없는 은혜이며, 십자가가 없는 은혜이며, 살아 계시고 성육신한 예수 그리스도가 없는 은혜다.…자신이 오직 은혜로 의롭다 함을 얻었다고 말할 권리가 있는 유일한 사람은 그리스도를 따르기 위해 모든 것을 버린 사람뿐이다.…우리는…독수리들처럼 값싼 은혜의 시체들 주위에 모여들었으며, 거기서 그리스도를 따르는 삶을 죽여 버린 독을 마셨다.[13]

본회퍼의 시대 이후 서구 교회의 상황은 좋아지지 않았다. 오늘날 값싼 은혜는 핍박받지 않는 교회의 복음주의자들 사이에서 일반적인 것이 되어 버렸다. 이것은 기쁨을 추구할 때 은혜에 기대는 잘못된 방법이다. 이에, 기쁨을 위해 싸우는 또 다른 방법이 있다. 미가의 방법이며, 담대히 상한 심령이 되는 방법이며 당당한 죄책감의 방법이다.

기쁨을 위한 싸움에서, 미가의 당당한 죄책감과 "값싼 은혜"의 차이는, 미가는 죄를 아주 심각하게 받아들인다는 것이다. 비난받을 만한 타락의 사건이 있었다. 생생하고 무서운 하나님의 진노가 있다. 무서운 어둠의 순간이 있다. 우리가 하나님의 징계를 인내하며 견딜 때 여기에는 상함과 통회와 가책이 있다. 그러나 후회의 잿더미 속에서도 담대함의 불꽃은 결코 꺼지지 않는다. 작아지고 흔들릴 수는 있다. 그러나 자아나 사탄이 우리는 이제 끝났다며 조롱할 때, 우리는 미가의 믿음을 굳게 잡고—실은 그리스도와 그분의 의를 붙잡는 것이다—이렇게 말한다. "나의 대적이여, 나로 말미암아 기뻐하지 말지어다. 나는 엎드러질지라도 일어날 것이요, 어두운 데에 앉을지라도 여호와께서 나의 빛이 되실 것임이로다. 내가 여호와께 범죄하였으니 그의 진노를 당하려니와 마침내 주께서 나를 위하여 논쟁하시고 심판하시며 주께서 나를 인도하사 광명에 이르게 하시리니 내가 그의 공의를 보리로다."

기쁨을 위한 싸움의 핵심

십자가의 말씀을 듣고 십자가를 자신에게 전하는 것은 기쁨을 위한 죄인의 싸움에서 핵심을 이루는 전략이다. 이것 없이는 아무것도 되지 않는다. 우리는 여기서 시작한다. 그리고 여기에 머문다. 우리는 결코 복음을 벗어나지 않는다. 우리는 그 어느 곳보다 십자가에서 그리스도의 영광을 분명하게 본다. 실제로 복음은 "하나님의 형상이신 그리스도의 영광을 선포하는 복음"이다(고후 4:4, 표준새번역 개정판). 그리스도를 보는 것이 그리스도를 맛보는 것의 열쇠라면—정말 그렇다!—십자가를 떠나서는 안 된다. 십자가는 그리스도의 영광의 계시다.

십자가에서 모든 기쁨의 원수가 정복된다. 그리스도가 우리를 위하여 저주가 되시기에 하나님의 진노가 정복된다. 그리스도가 우리를 위하여 용서가 되시기에 진짜 죄책이 정복된다. 그리스도가 우리를 위하여 의가 되시기에 범법이 정복된다. 그리스도가 우리를 위하여 구속이 되시기에 사탄의 종이라는 신분이 정복된다. 그리스도가 우리를 위하여 자유가 되시기에 죄에 대한 결박이 정복된다. 그리스도가 우리를 위하여 깨끗함이 되시기에 양심의 가책이 정복된다. 그리스도께서 우리를 위하여 부활이 되시기에 죽음이 정복된다. 그리스도께서 우리를 위하여 영원한 생명이 되시기에 지옥이 정복된다. 이 외에도 십자가가 우리의 기쁨을 가로막는 원수들을 물리치는 수십 가지 방법을 더 소개하고 싶은 마음이 간절하지만 그 마음을 억제해야겠다. 대신에 내가 50가지 방법을 모아 놓은 책 「더 패션 오브 지저스 크라이스트: 예수가 못박힌 50가지 이유」(*The Passion of Jesus Christ*, 규장)를 소개하고 싶다.[14]

십자가를 통해, 하나님은 우리를 영원히 행복하게 하는 데 필요한 가능한 모든 축복을 사시고 안전하게 확보하셨다. "자기 아들을 아끼지 아니하시고 우리 모든 사람을 위하여 내주신 이가 어찌 그 아들과 함께 모든 것을 우리에게 주시지 아니하겠느냐"(롬 8:32). 이 질문에 대한 답은 매우 확실하다. 하나님이 그분의 아들의 죽음 때문에 그리스도와 함께 모든 것을 우리에게 반드시 주실 것임을 피로 서명하셨다. 다시 말해, 하나님이 우리에게 참으로 좋은 모든 것을 주실 것이다. 사탄이 이와 반대로 전하고 있기 때문에 우리는 이것을 매일 자신에게 전해야 한다. 우리가 하나님 안에서 만족하는 데 필요한 모든 것이 십자가 안에서 이미 확보되었다. 우리가 이 진리를 정말로 믿는다면 그 무엇이 우리의 기쁨을 막을 수 있겠는가? 이 진리는 무너질 수 없다.

십자가, 기쁨, 사랑의 희생, 하나님의 영광

예수님은 순종적 죽음을 통해 하나님과의 관계에서 우리의 의가 되셨다. 그러므로 그분은 흔들릴 수 없는 우리 기쁨의 토대가 되셨다. 그러므로 그분은 우리가 행하는 가장 철저하며 위험까지 감수하는 사랑의 행위의 토대가 되셨다. 1956년 다섯 명의 에콰도르 선교사들—짐 엘리어트, 피트 플레밍, 에드 맥컬리, 네이트 세인트, 로저 유드리안—이 하나님의 사랑을 와오라니 족에게 전하려는 마지막 시도를 할 때였다. 이들은 강변에서 순교하기 직전 마지막을 준비하면서 에디스 체리(Edith Cherry)의 "주님을 의지하리"(We Rest on Thee)를 불렀다. 이 찬송의 중심에는 복음의 핵심—전가된 그리스도의 의—을 노래하는 구절이 있다.

당신의 이름 의지하네, 구원의 대장이시여!
당신의 귀한 이름 의지하네, 모든 이름보다 높은 이름.
예수 우리의 의, 우리의 견고한 반석.
우리 기쁨의 왕, 우리 사랑의 왕.

선교사들(그들도 우리 모두처럼 죄인이다)이 손에 든 무기를 사용하는 대신, 자신들이 사랑하는 사람들의 창에 죽을 수 있는 용기가 어디서 나왔는가? 이들은 그리스도 안에서 누리는 이 세상이 줄 수 있는 어떤 것보다 큰 만족에서 이러한 용기를 얻었다. "잃어버릴 수 없는 것을 얻기 위해 붙잡을 수 없는 것을 포기하는 자는 바보가 아니다."15) 그렇다. 우리가 잃어버릴 수 없는 것이 모든 만족을 주는 그리스도의 영광이라면 더욱더 그렇다.

그리스도 안에 있는 이러한 더 큰 만족 이면에는 오직 믿음으로 의롭다 함을 얻는다는 복음이 있다. 그리스도가 이들의 의였다. 그리스도가 이들의 견고한 반석이었다. 그러므로 이들의 기쁨은 꺾일 수 없었다. 사람들을 향한 이들의 사랑은 자신의 생명에 대한 사랑보다 컸다. 우리가 당당한 죄책감의 비밀과 의롭다 함을 얻은 죄인들처럼 기쁨을 위해 싸우는 법을 배울 수 있다면! 그리스도의 복음이 이러한 결과를 낳을 때, 우리의 기쁨이 충만해지고 그분의 영광이 밝게 빛날 것이다.

주

머리말

1) Jeremy Taylor의 말로, C. S. Lewis의 *George MacDonald: An Anthology*(London: Geoffrey Bles, 1946), p. 19에서 인용했다.

1장 기쁨은 하나님의 선물이다

1) C. S. Lewis, *Surprised by Joy*(New York: Harcourt, Brace and World, 1955), p. 18.「예기치 않은 기쁨」(홍성사).
2) Matthew Henry, *Matthew Henry's Commentary on the Whole Bible*, 6 vols. (Old Tappan, N. J.: Fleming Revell Company, n.d.), 6:744.
3) N. P. Williams, *The Ideas of the Fall and of Original Sin*(1926)에 나오는 것으로 Edward T. Oakes, "Original Sin: A Disputation", First Things 87(November 1998), p. 24에서 재인용.
4) Aurelius Augustine, *Confessions*, trans. R. S. Pine-Coffin(London:

Penguin Books, 1961), p. 236(X.31). 「고백록」(크리스챤다이제스트).

2장 하나님의 영광을 보기 위해 싸우라

1) Jonathan Edwards, "Born Again", in *The Works of Jonathan Edwards*, vol. 17, Sermons and Discourses, 1730-1733, ed. Mark Valeri (New Haven, conn.: Yale University Press, 1999), p. 192.

2) Jonathan Edwards의 *The End for Which God Created the World*에 나오는 말로 John Piper, *God's Passion for His Glory: Living the Vision of Jonathan Edwards*(Wheaton, Ill.: Crossway Books, 1998), p. 242에서 재인용. 「존 파이퍼의 하나님의 영광을 위한 하나님의 열심」(부흥과개혁사).

3) 이 진리에 관해서는 다른 곳에서 성경 여러 곳을 인용하면서 폭넓게 다루었다. 다음 책들을 보라. *Desiring God: Meditations of a Christian Hedonist*, 3rd ed.(Sisters, Ore.: Multnomah, 2003), pp. 308-320, 「하나님을 기뻐하라」(생명의말씀사). *Let the Nations Be Glad: The Supremacy of God in Missions*, 2nd ed. (Grand Rapids, Mich.: Baker, 2003), pp. 21-28. 「열방을 향해 가라」(좋은씨앗).

4) Jonathan Edwards, *The Works of Jonathan Edwards*, vol. 13, The "Mis-cellanies", a-500, ed. Thomas Schafer (New Haven, Conn.: Yale University Press, 1994), p. 495. Edwards가 이 진리를 어떻게 전개하는지 좀더 자세히 알고 싶다면 다음을 보라. Piper의 *God's Passion for His Glory: Living the Vision of Jonathan Edwards*, pp.

117-251에 실린 "The End for Which God Created the World"를 보라.

5) Edwards, *God's Passion for His Glory*, p. 247.

6) Jonathan Edwards, "A Divine and Supernatural Light," in *The Works of Jonathan Edwards*, pp. 17, 413.

7) 같은 책, p. 413.

8) Thomas Binney의 "Sermons"에 나오는 말로 Charles Haddon Spurgeon의 *The Treasury of David*, 3 vols. (Mclean, Va.: Macdonald Publishing Company, n.d.), 1: 131에서 재인용. 강조는 저자가 덧붙인 것이다. 「스펄전의 시편 강해」(생명의말씀사). Thomas Binney (1798-1874)는 영국 회중교회 목사이자 찬송가 작사자였다.

9) Edwards, "A Divine and Supernatural Light", p. 414.

3장 복음 안에서 기쁨을 위해 싸우라

1) 왜 우리의 기쁨이 영원히 커지는지에 대한 설명을 원한다면 다음을 보라. John Piper, "Can Joy Increase Forever? Meditation on Ephesians 4:29 and 5:4," *A Godward Life*, Book Two(Sisters, Ore.: Multnomah, 1999), pp. 162-164. 「말씀을 향해 바로 서기」(좋은씨앗).

2) Christopher Catherwood, *Five Evangelical Leaders*(Wheaton, Ill.: Harold Shaw Publishers, 1985), pp. 170-171. 「5인의 복음주의 지도자들」(엠마오). 관심 있는 독자들은 Martyn Lloyd-Jones Trust Recordings 웹사이트(www.mlj.org.uk)에 가면 그의 설교를 들을

수 있다.

3) Jonathan Edwards, *The Works of Jonathan Edwards*, vol. 13, The "Miscellanies," a-500, ed. Thomas Schafer (New Haven, Conn.: Yale University Press, 1994), p. 495, Miscellany #448; #87, 251-252, #332, 410도 보라.

> [하나님은] 그분에 대한 지식과 그분에 대한 사랑, [즉] 그분 안에서 만족과 기쁨을 누리는 것으로 이루어지는 자신의 영광을 무한히 귀중히 여기신다. 그러므로 피조물 속의 형상을, 즉 이러한 것들의 전달이나 참여를 귀중하게 여기신다. 하나님이 피조물의 지식과 사랑과 기쁨을 기뻐하시는 것은, 다시 말해 자신이 이러한 지식과 사랑과 만족의 대상이 되길 기뻐하시는 것은 자신을 귀중히 여기시기 때문이다.…[따라서] 하나님이 피조물의 선을 존중하시는 것과 자신을 존중하시는 것은 별개가 아니라 하나다. 왜냐하면 피조물이 추구하는 행복은 그분과의 연합에서 얻는 행복이기 때문이다. ("Dissertation Concerning the End for Which God Created the World," in *The Works of Jonathan Edwards*, ed. Paul Ramsey, 8:532-533.)

4) Jonathan Edwards, "Some Thoughts Concerning the Revival," in *The Works of Jonathan Edwards*, vol. 4, The Great Awakening, ed. C. Goen(New Haven, Conn: Yale University Press, 1972), p. 387.

5) Martyn Lloyd-Jones, *Spiritual Depression: Its Causes and Cures* (Grand Rapids, Mich.: Eerdmans, 1965), pp. 11-12. 「영적 침체와 치유」(기독교문서선교회).
6) 같은 책, p. 20.
7) 같은 책, p. 21.
8) 역사적인 웨스트민스터 신앙고백은 믿음만이 우리를 의롭게 하지만 믿음은 결코 혼자가 아니며 항상 사랑을 낳는다는 것을 잘 표현해 주고 있다.

> 하나님은 유효하게 부르신 자들을 또한 값없이 의롭게 하시는데, 저희에게 의를 주입하심으로써가 아니라 저희의 죄를 사해 주시고 또한 저희를 의롭다고 여기고 받아주심으로써 그렇게 하시며, 저희에게 이루어진 무슨 일이나 저희가 한 어떤 행위 때문이 아니라 오직 그리스도 때문이며, 믿음 그 자체나 믿는 행위나 다른 어떤 복음적인 순종을 저희의 의로 저희에게 전가하심으로써가 아니라 다만 그리스도의 순종과 배상을 저희에게 전가하시고 저희가 믿음으로 그분을 영접하고 의지하게 하심으로써이니 이 믿음은 저희에게서 난 것이 아니라 하나님의 선물이다(11.1).
> 이와 같이 그리스도를 영접하고 그분과 그분의 의를 의지하는 믿음만이 칭의의 도구지만 믿음은 의롭다 함을 받는 사람 속에 홀로 있는 것이 아니라 항상 구원의 다른 은혜들과 함께 있

으므로 죽은 믿음이 아니라 사랑으로 역사한다(11.2).

9) Andrew Thomson, "Life of D. Owen", in *The Works of John Owen*, ed. W. H. Goold, 24 vols. (1850-1853; repr. Edinburgh: Banner of Truth, 1965), 1:XCII.

10) John Bunyan, *Grace Abounding to the Chief of Sinners* (Hertfordshire, England: Evangelical Press, 1978), pp. 55-59.

11) 같은 책, pp. 90-91.

12) John Dillenberger, ed., *Martin Luther: Selections from His Writing* (Garden City, N.Y.: Doubleday and Co., 1961), pp. 11-12.「루터 저작선」(크리스찬다이제스트).

13) Dietrich Bonhoeffer, *The Cost of Discipleship*(1937; repr.: New York: The Macmillan Co., 1949), pp. 47, 55, 57.「나를 따르라」(대한기독교서회).

14) Wheaton, Ill.: Crossway Books, 2004.

15) Jim Elliot의 말로 다음에서 인용했다. Elisabeth Elliot, *Shadows of the Almighty: The Life and Testament of Jim Elliot*(New York: Harper & Brothers, 1958), p. 19.「전능자의 그늘」(복있는사람).

옮긴이 전의우는 연세대 철학과와 총신대 신학대학원을 졸업하고 전문 번역가로 활동하고 있다. 역서로는 「안식」, 「이해할 수 없는 하나님 사랑하기」, 「하나님이 복음이다」, 「예수님이 읽으신 성경」(이상 IVP), 「하나님과의 신선한 만남」(요단), 「고귀한 시간 낭비」(이레서원) 등 다수가 있다.

하나님을 즐거워하라

초판 발행_ 2013년 10월 28일
초판 5쇄_ 2023년 1월 30일

지은이_ 존 파이퍼
옮긴이_ 전의우
펴낸이_ 정모세

펴낸곳_ 한국기독학생회출판부
등록번호_ 제2001-000198호(1978.6.1)
주소_ 04031 서울시 마포구 동교로 156-10
대표 전화_ (02)337-2257 팩스_ (02)337-2258
영업 전화_ (02)338-2282 팩스_ 080-915-1515
홈페이지_ http://www.ivp.co.kr 이메일_ ivp@ivp.co.kr
ISBN 978-89-328-1439-1
    978-89-328-0715-7(세트)

ⓒ 한국기독학생회출판부 2013

책값은 뒤표지에 있습니다.
무단 전재와 복제를 금합니다.